志勤文库

教育部人文社会科学研究项目（21YJC740036）研究成果
辽宁省教育厅基本科研业务费资助

高校外语课程创造性培养模式研究

Research on the Creativity Cultivation Model in College Foreign Language Courses

刘 婷 著

东北财经大学出版社 大连
Dongbei University of Finance & Economics Press

图书在版编目（CIP）数据

高校外语课程创造性培养模式研究 / 刘婷著. —大连 : 东北财经大学出版社，2025.6. —（志勤文库）. —ISBN 978-7-5654-5672-5

Ⅰ. H09

中国国家版本馆CIP数据核字第2025T1X285号

高校外语课程创造性培养模式研究

GAOXIAO WAIYU KECHENG CHUANGZAOXING PEIYANG MOSHI YANJIU

东北财经大学出版社出版发行

大连市黑石礁尖山街217号　邮政编码　116025

网　　址：http://www.dufep.cn

读者信箱：dufep@dufe.edu.cn

大连金华光彩色印刷有限公司印刷

幅面尺寸：170mm×240mm　字数：120千字　印张：10.25　插页：1

2025年6月第1版　　2025年6月第1次印刷

责任编辑：王　玲　吉　扬　孔利利　　责任校对：赵　楠

封面设计：原　皓　　版式设计：原　皓

书号：ISBN 978-7-5654-5672-5　　定价：62.00元

教学支持　售后服务　　联系电话：（0411）84710309
　举报电话：（0411）84710523

如有印装质量问题，请联系营销部：（0411）84710711

前　言

传统外语教学长期以来注重“双基”训练，即“语言基础知识”与“听说读写译基本技能”的培养，但往往忽视了对外语学习者思维素质与综合能力的系统开发，导致学生易出现“思辨缺席症”这一现象。语言本质上是一种具有高度创造性的认知活动，外语教学不应局限于知识灌输和技能训练的“双基”范畴，更应引导学生在真实语境中创造性地使用语言，强化创造性思维的培养，突出学生的主体地位，激发其潜在的创造性。创造性既源于先天禀赋，也可通过后天培养得以激发。在适当的教学设计和学习环境下，学生的创造性可以得到有效释放，并得到更为全面和深入的发展。因此，如何科学有效地开发学生的创造性？如何评估创造性培养的实际成效？这些问题正逐渐成为高校外语教学中不可或缺的重要议题。本书将围绕外语教学中创造性的培养与评估展开系统研究，旨在探索更具理论深度与实践价值的教学路径，以实现高校外语教育质量的整体提升。

在系统梳理文献与深入调研的基础上，本书在理论探讨与教学实践的双向互动中，提出了一种创新的联想式外语课堂教学法。该方法通过引入思维导图开展联想活动，包括词汇联想、阅读联想与写作联想，旨在激发学生在外语学习过程中的创造性潜能，提升其创造性思维能力、语言运用能力以及学习动机，推动学生综合素质的全面发展。为系统阐释联想式教学法对创造性发展的影响，本研究不仅采用传统的评估工具，如创造性思维测试、外语能力测试及学习动机问卷，还引入EEG脑成像技术与眼动追踪技术，对教学效果进行更为客观、精准的评估。EEG脑成像技术作为观察大脑处理复杂信息活动的重要工具，有助于揭示创造性思维，特别是发散性思维的神经机制。本书通过记录学生在发散性思维导向的翻译任务中处理语言信息时的脑电活动，分析联想式教学对大脑认知加工过程的影响，评估学生的创造性思维能力。同时，还采用眼动追踪技术探讨联想式教学对外语能力的具体影响。通过实时记录学生在外语阅读过程中的眼球运动轨迹，将眼动指标映射到阅读行为分析中，从而揭示其理解过程和信息加工方式，为联想式教学在提升学生综合语言能力方面提供定量分析和实证支持。

本书充分融合语言学、教育学、心理学以及神经科学等多学科研究成果，构建了一个面向高校外语教学的跨学科创新研究体系。通过引入EEG脑成像技术与眼动追踪技术，对学习者在教学过程中的认知活动与创造性表现进行量化分析，实现了对教学效果的科学评估与动态追踪，拓展了传统外语教学研究的理论视野与方法范式。本书内容兼具针对性与实用性，深入浅出、结构严谨，紧密贴合国家外语教学发展战略，精准回应新时代高校外语教育在育人理念、教学模式与评估体系方面的新要求，不仅为高校外语教育改革提供了系统的理论支撑，更为创造性外语教学实践提供了切实可行、可复制推广的操作指南。作者期望本书能够成为广大外语教学工作者、教育科研人员与教学改革实践者的重要参考，共同推动创造性人才培养机制与评估体系的跨学科融合与持续创新。

本书是教育部人文社会科学研究项目“基于神经机制和情境认知的翻译过程实证研究”（21YJC740036）、辽宁省教育厅高等学校基本科研项目（LJKR0210）、辽宁省教育科学“十四五”规划课题（JG24DB124）、辽宁省研究生教育教学改革研究项目（LNYJG2024303）的阶段性研究成果，也是作者开展创造性外语教学研究的基础成果。

刘 婷

2025年3月

目　录

1

导论

1.1 创造性培养与评估的必要性

创新是推动社会进步和经济发展的核心动力，创造性作为创新的基础，对于培养能够适应未来社会挑战的人才至关重要。通过创造性培养，可以提升学生的创新能力和解决问题的能力，为社会发展注入新的活力。激发与促进创造性已成为教育领域广泛认同的核心目标之一，而将创造性元素融入课程体系更是成为了教育研究与实践的热点议题。

近年来，随着教育改革的不断深化，开展创造性教学已经开始成为中国各大高校教育改革的教学策略，被视为推动教育现代化与创新人才培养的重要途径。教学不仅仅是传授知识，更重要的是培养学生的思维方式和创新能力。创造性培养促使教育从传统的应试教育向素质教育转变，关注学生的个性发展和创新潜能的激发，改变传统的教学模式和教学手段，充分发挥学生的主体性，化被动学习为主动学习，让学生愿意参与到外语学习中，主动去探究和思考。这对于提高外语教学课堂效率和实现教学目标都起着重要的作用。

在全球化日益加深的今天，外语能力已成为衡量个人综合素质与国际竞争力的重要指标之一。外语教学，作为培养这一能力的关键环节，其目标与方式正经历着深刻的变革。传统的语言教学往往侧重于语法规则、词汇积累与听说读写技能的训练，而现代外语教育理念则更加强调创造性的培养与评估，这不仅是提升语言运用能力的有效途径，更是促进学生全面发展、适应未来社会需求的关键。在外语教学领域，创造性更是被置于语言学习与教学的核心地位（Jones and Richards，2015）。外语教学的根本目标应聚焦于学生的实际应用能力提升与个性全面发展，尤其是创造性的培养，更是外语教学体制改革的一个必然选择和基本要求（Sadykova and Shelestova，2016）。那么，如何定义学生的创造性？开展创造性教学应采取什么途径？构建何种教学模式？如何对某种创造性教学模式的教学效果进行评估？怎样才能判断出学生是否在创造性上有了进展？这些都是外语教学所面临的亟待解决的关键问题。

教育的目标是促进学生的全面发展，外语学习不仅仅是语言技能的训练，更是文化认知、思维能力、情感态度等多方面的综合发展。创造性的培养能够激发学生的想象力、创新精神和批判性思维，帮助他们形成独立思考、自主解决问题的能力。通过多样化的评估方式和手段，可全面考查学生的语言综合运用能力和创新思维，可为教学提供有益的反馈和指导，教师可以了解学生在语言学习中的优势和不足，进而调整教学策略和方法，提高教学效果。创造性的培养和评估方法能够激发学生的学习兴趣和动力，增强他们的学习主动性和参与度，从而提升整体的教学质量。

外语教学应弥补传统教学方式“重知识、轻能力”“重传授、轻思维”的弊端，促进学生创造性的发展。语言学习离不开创造性思维，在外语教学中培养学生的创造性思维，能使学生更好地理解、掌握和运用语言。在实际应用与交际活动中，学生能更容易掌握外语语法知识点和记忆、练习，并且在不断发现和运用语言的过程中实现自我学习能力和语言综合能力的提高。在教学环节中，应加入培养学生创造性思维能力的教学手段，在保证学生掌握外语专业知识和技能的同时，把学生的学习动机贯穿于教学全过程，体现个性化教学特色，拓宽学生知识面，提高学生的学习能力和思辨能力。

创造性评估是了解学生创造性水平的重要手段，通过科学的评估方法，可以客观、全面地了解学生的创造性发展现状和潜力。当创造性教学法被选定并付诸实践以促进学生的创造性发展时，随之而来的是对教学法效果评估机制的迫切需求。这要求我们不仅要设计科学合理的评价体系，以量化或质化地衡量该教学法对学生创造力提升的实际效果，还需构建有效的反馈机制，以判断学生创造性水平是否实现了预期的增长，并据此不断调整和优化教学策略，为后续的培养措施提供有针对性的建议和指导。

本书旨在深入探讨外语教学创造性培养和评估的重要性，分析其实施策略，引导学生在自主绘制知识结构图的过程中展开联想，不仅是对其创造性思维的可视化展现，更能够让学生感受到学习的乐趣与挑战，进而更加主动地投入到创造性思维的探索与实践中。这一过程能够强化学生的自我认知与表达能力，还能提升他们的学习热情与动机，形成良性循环，进一步推动学习成效的持续优化。该方法不仅聚焦于学生创造性思维能力的培养，还致力于提升学生的语言综合能力与学习动机，通过多样化的教学活动设计，鼓励学生自主探索、勇于创新，从而在根本上优化外语教学效果，促进学生全面发展。导论主要叙述本书的背景依据、界定相关概念以及提出观点。首先，论述撰写背景、目的、研究方向、逻辑起点，提出应用联想式外语教学模式培养创造性；其次，回顾和梳理学术界对评估创造性的研究现状与未尽之处，提出采集精准脑电及眼动指标评估创造性；最后，系统整体地深入挖掘创造性的培养与评估体系。

综上所述，创造性培养与评估在促进学生全面发展、提升教育质量、适应社会发展需求等方面均具有重要的作用。因此，应该高度重视创造性培养与评估，不断探索和实践有效的培养方法和评估手段，为学生的创造性发展创造更加有利的条件和环境。

1.2 培养创造性——联想式外语教学模式

当前，我国高校的外语教学体系普遍沿袭了以教师为主导的传统教学模式，鲜有课程能够积极采纳创造性教学法以促进学生创造性的培养。既往外语教学实践往往忽视了对学生外语学习观念与策略的深度关注（Van Lier，1996；Lantolf，2006；Tezza et al.，2020）。教师对学生创造性语言学习需求与兴趣的探索不足，教学流程趋于机械化，以教师的单向讲授为主，学生实践机会匮乏，难以有效激发学生主动学习的热情，导致学生长期处于被动接受知识的状态（张正东，2005；束定芳、庄智象，2000；Hertrich，Dietrich，and Ackermann，2020）。传统教学模式过度聚焦于语音、词汇、语法的准确性追求，在一定程度上忽略了对学生语言创造性的培养，限制了外语学习者主观能动性的充分发挥。在外语教学中，学习过程不是教师向学生传递知识的过程，而是学生在特定的学习环境中新旧知识和经验相互作用的知识建构过程（Jordan，2004）。这意味着外语学习不再是被动接受教师传授的内容，而是学生在已有知识和经验的基础上进行主动建构（Van Lier，1996；Lightbown，2000；Lantolf，2006）。鉴于此，本书旨在革新传统外语教学理念，积极倡导并实践以学生为中心、融入创造性元素的外语教学模式。

创造性，简而言之，是指个体在解决问题、创造新产品或观念时展现出的新颖性、独特性和价值性。在外语教学中，创造性不仅体现在语言表达的创新性上，更涵盖了学习策略的选择、语言交流的灵活性、创造性思维的运用、学习动机的提升等多个维度。它要求学生不仅能够准确地使用语言进行交流，还能够创造性地运用语言进行思想表达、文化理解和创新实践。多数研究表明，创造性能够通过精心设计的教学方法得到有效培养，并借助多样化的活动实践得以强化（Esquivel，1995；Craft，Jeffrey，and Liebling，2001；Runco，2004；Eleonora et al.，2014；Liao et al.，2018）。这一过程要求将促进创造性的活动无缝融入日常教学框架之中，作为外语学习活动的有益补充而非替代（Maybin，2016）。定期且结构化的课程内创造性活动，尤其是那些遵循以学生为中心、互动性强、开放性广且专为激发创造性设计的活动，对于培育学生创造性思维尤为重要（Ghonsooly，2012；王初明，2021）。营造趣味性、以学生为中心且鼓励探索与表达的学习环境，对于外语课堂中的创造性培养具有显著促进作用。Maley（2015）提出了在外语教学中实施创造性教学法的几项核心原则，包括随机性原则（能提出非预期的元素组合，激发学生探索其间关联）、联想性原则（利用并拓展学生的想象力）以及发散性思维原则（鼓励学生探索并生成尽可能多的解决方案）。在这种以学生为中心的教学模式下，融入激发想象力与探索新颖观念的活动，能够显著促进学生进行创造性思考，从而在外语学习及其他领域展现出更高的创新能力。

本书创新性地提出了一种融合联想活动与思维导图策略的教学法，期待为外语课堂中的创造性思维培养开辟一条新颖而有效的路径。思维导图，作为一种广受认可的高级思维可视化工具，它通过直观的图形化方式，将零散的想法与概念系统地组织起来，形成逻辑清晰、层次分明的思维框架（Buzan and Buzan，2010）。基于思维导图的联想式教学法，鼓励学生跳出传统框架，探索新颖独特的思维路径，在构建思维导图的过程中，选定某一核心知识点作为触发点，由此展开联想，探索并关联其他相关知识领域。将联想活动与思维导图相结合的教学模式，有助于营造一种积极互动、充满活力的课堂氛围。通过引导学生积极参与学习过程，有效调动其内在的学习动力与积极性，促使外语学习模式从传统的被动接受知识向主动探索知识转变，学生在此过程中不仅能加深对知识的理解和掌握，更会在主动建构知识体系中实现学习成效的显著提升。学生自主绘制知识结构图的过程，不仅是创造性思维的可视化展现，更是感受学习的乐趣与挑战，进而更加主动地投入到创造性思维的探索与实践中。该方法不仅聚焦于学生创造性思维能力的培养，还致力于提升学生的语言综合能力与学习动机，通过多样化的教学活动设计，鼓励学生自主探索、勇于创新，从而优化外语教学效果，促进学生创造性潜能的激发与发展。

1.3 评估创造性——精准脑电及眼动指标

在当前外语教学领域内，关于创造性教学法对学生创造性具体影响深度的评估探究尚显匮乏。创造性这一概念由三个独立且相互关联的要素构成：创造性思维能力、专业知识，以及动机（Amabile，1996），如图1-1所示。据此三维度理论框架，本书将系统评估并验证联想式教学法在促进学生创造性思维能力发展、外语能力提升以及学习动机增强方面的有效性。

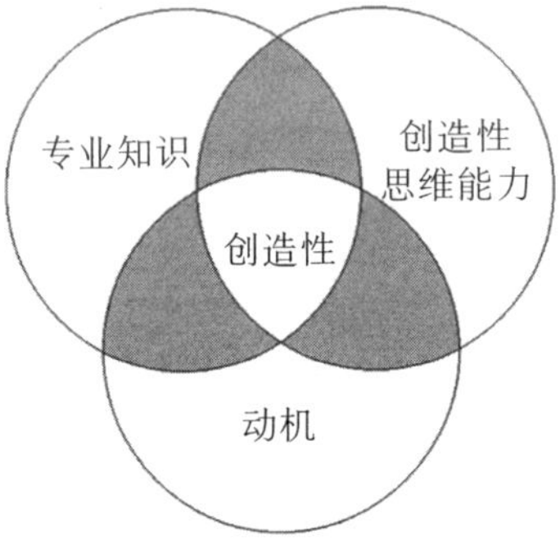

图1-1 创造性三要素

具体而言，本书设计并实施了一项综合评估方案，运用三种传统标准化测量工具进行效果监测。首先，运用创造性思维测试量表，聚焦于评估学生在思维流畅性、灵活性及独创性三个维度上的变化；其次，通过外语能力综合测试，细致考查学生在词汇掌握、阅读理解及写作表达等关键外语能力上的进步情况；最后，采用学习动机调查问卷，深入分析学生在学习外语过程中的学习动机、内在动力等心理层面的动态变化。传统创造性思维测试虽能产出分析性数据，聚焦于评估个体的流畅性、灵活性及独创性能力，然而，关于这些测试所量化的维度是否与实际生活中创造性解决问题的能力有关还未得到完全证实，大多缺乏足够的效度资料（Dietrich and Kanso，2010）。

近年来，EEG脑成像技术为直接观察大脑在处理复杂信息时的活动提供了有力的研究手段，从而为探索创造性思维的心理机制提供了更直接的方法（Bowden and Jung-Beeman，2007；Luo and Knoblich，2007；Srinivasan，2007；Damian，2023）。采用EEG脑成像技术能够高效且直观地捕捉并反映发散性思维过程中大脑皮层的电生理信号特征，进而实现思维的可视化（李诸洋，刘璐，2017；Shedenko et al.，2021；Spiering and Dimigen，2025）。本书将通过系统采集学生在完成发散性思维导向的翻译任务过程中的脑电数据，分析其发散性思维能力，从而构建一条更具直观性和实证基础的发散性思维研究路径。

同时，采用眼动追踪技术，对学生阅读过程中的认知努力进行深入探索，进而分析学生的外语综合能力。眼球运动作为大脑活动在视觉系统上的直接映射，其轨迹与模式受到大脑皮层的精细调控，并反过来向大脑反馈视觉输入的关键信息，形成一个闭环的神经反馈系统（Katarzyna and Pawel，2019；Huizeling et al.，2023）。阅读能力在外语学习中非常重要（Nuttel，1996），是一个复杂的信息处理过程，涉及从词汇存储中检索信息，并通过大脑的高级编码与解码机制实现对文本内容的深刻理解（Marcus，2022）。眼动追踪能够捕捉并解析这一动态过程中的微妙变化，为探索大脑在阅读任务中的认知加工机制与神经动态提供独特的视角（Just and Carpenter，1980；Zhan，Shen，and Wang，2014；冯佳，2018；Pokhoday et al.，2023）。本书通过眼动追踪技术，不仅观察了学生在阅读过程中的眼球运动轨迹，还试图揭示这些运动模式背后所蕴含的认知加工策略与思维活动，从而进一步深入理解创造性教学法如何通过优化阅读过程来促进学生外语能力的全面发展。

综上所述，本书通过巧妙结合脑电与眼动追踪数据，全面深入地剖析了联想式教学方法在创造性培养中的实际效果，开创性地拓展了这一领域的研究边界。此跨学科的研究范式不仅揭示了联想式教学模式如何通过影响大脑的认知加工过程及视觉注意力的分配与调控机制，提升外语学习的效率与深度，也进一步丰富和完善了创造性外语教学的理论框架。通过应用这些技术，不仅拓宽了评估的维度，还提高了评估结果的客观性与准确性，为创造性评估的科学性与有效性提供了坚实的神经科学与心理学依据。

1.4　本书体系框架

（1）核心理念

外语能力是一个多维度、综合性的概念，创造性作为外语能力的重要组成部分，对提升学生的综合语言运用能力具有不可替代的作用。一方面，创造性能够激发学生的学习兴趣，促使他们更加主动地探索语言背后的文化、历史和社会背景，从而深化对语言的理解；另一方面，创造性还能帮助学生在实际交际中灵活应对各种复杂情境，提高沟通效率和质量。本书致力于提炼出具有实践指导意义的外语课堂创造性教学法设计原则与策略，以期为外语教学领域的实践者提供有价值的参考与启示，促进外语教学质量与效果的全面提升。创造性培养的过程实质上是一个问题解决的过程，在面对语言学习中的困难和挑战时，学生需要运用创造性思维去寻找解决方案。这种能力不仅在外语学习中至关重要，更是学生在未来生活和工作中不可或缺的重要素质。通过创造性培养，学生可以形成独立思考、勇于尝试的精神品质，为未来的成功奠定坚实的基础。

外语学习不仅仅是掌握一门语言工具，更是理解和融入不同文化的过程。创造性培养能够帮助学生跳出固有的思维框架，以更加开放和包容的心态去接纳和欣赏不同文化，提高跨文化交际能力。每个学生都是独一无二的个体，他们有着不同的学习风格、兴趣爱好和认知特点。传统的外语教学模式往往采用“一刀切”的方式，难以满足学生的个性化需求。而创造性培养则鼓励学生根据自己的兴趣和特长进行语言学习，通过参与项目式学习、角色扮演、创意写作等活动，发展自己的语言特长和个性魅力，实现个性化发展。本书旨在设计并开发一种创新型外语课堂教学模式，其核心目标聚焦于推动外语学习者的创造性能力的全面发展与提升。具体而言，本书将探究如何通过综合运用联想策略与思维导图教学法，构建一个旨在激发并增强学生创造性思维、语言综合运用能力，以及提高学习动机的联想式教学环境。本书对国内外文献资料进行了全面梳理与深入分析，通过文献综述、案例分析等方法，初步构建了适合外语课堂的创造性教学理论框架，并为将理论成果转化为可操作的教学实践提供了明确的方向与指导。在此基础上，将进一步分析基于脑电及眼动指标数据的量化方法，以科学的手段评估该教学模式在促进学生创造性发展方面的实际效果。

基于Amabile（1996）提出的创造性构成要素框架，即创造性思维能力、专业知识与动机，我们确立了以下具体而明确的研究目标：

首先，构建基于思维导图的联想式外语教学模式。本书旨在设计一套以促进学生创造性发展为核心的教学模式，该模式将创造性地整合思维导图法与联想活动，不仅强化学生的创造性思维能力，还同步提升其外语运用能力及学习动机。通过精心设计的联想活动，确保学生在学习过程中能够灵活运用创造性思维工具，同时加强对外语知识的掌握，并激发其内在的学习动力。

其次，开发评估联想式外语教学可行性的多维度测量方法。为了检验所构建教学法的有效性，本书将采用多元化的评估手段，包括但不限于：进行标准化的创造性思维能力测试，评估学生的创造性思维发展；实施外语水平能力测试，衡量学生的外语应用能力；设计学习动机调查问卷，搜集学生自我报告的学习动机数据。这些传统的测量方法将共同构成评估体系，为评估结果提供数据支持。

最后，探索脑电及眼动指标在创造性评估中的应用。为了客观科学验证创造性教学法的实施效果，本书将采用前沿科学技术，如EEG脑成像技术和眼动追踪技术，以提供更加精细和深入的评估视角。具体而言，利用脑电数据分析技术捕捉学生在完成发散性思维导向的翻译任务过程中的大脑活动模式，以揭示其创造性思维能力的动态变化；同时，通过眼动数据分析评估学生在阅读外语材料时的认知加工过程，从而反映其综合外语水平。我们将应用SPSS统计分析测试法对脑电与眼动数据进行ANOVA检验与*t*检验，以丰富评估维度，提高评估结果的客观性与准确性。

本书以“创造性乃学生天赋之本质”为出发点，不把创造性培养视为外语教学体系外附加的额外教学任务，而是强调在日常外语课堂教学中构建一套系统化的教学方法与综合评价体系，通过将创造性活动无缝融入课堂教学过程，不仅能够激发并强化学生的学习动机，而且能够积极促进外语专业知识的深化与拓展，进而提升外语教学的整体效能与学生的综合素养。充分考虑联想式教学的应用效果，综合运用语言学、教育学、心理学以及神经科学等多个学科和交叉学科的研究方法进行多维全面的探讨，通过精准的数据分析，为创造性评估带来新的启示。我们希望本书所提出的创新教学模式与评估框架能够推动高校外语教学领域改革，引领外语教学改革向更加注重学生内在潜能开发、创造性培养与专业知识深化并重的方向迈进。

（2）设计方案

本书遵循既定设计方案逐步推进，以确保研究过程的科学性与系统性（如图1-2所示）。

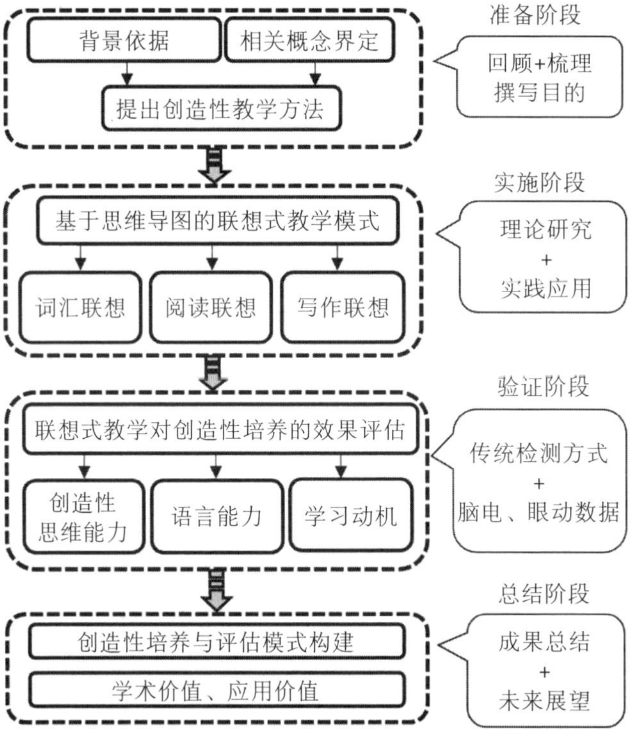

图1-2　本书设计方案

准备阶段：理论回顾与资料梳理

本书首先对国内外有关创造性教学方法的相关文献进行了系统梳理与深入分析，为后续理论框架的构建奠定了坚实的学术基础。聚焦于创造性教学在外语教学领域的理论演进与实践应用，作者通过文献综述、案例分析与跨学科比较等方法，初步构建了适用于外语课堂的创造性教学理论体系，为教学实践提供了明确的方向与切实的指导。目前，国内外学界对于外语教学中创造性培养与评估的系统研究仍较为薄弱，尚缺乏专门论著，相关实证研究成果亦不多见，仍处于起步阶段。本书正是在理论探索与实证检验的双重支撑下，创新提出联想式教学路径，以激发学习者的语言创造力，系统推进外语学习中的创造性能力开发与科学评估。在传统外语教学中，评估手段往往侧重于语言知识与基本技能的掌握，忽视了对学习者创造性思维与创新表达能力的考察。而创造性评估则更注重学习者在真实语境中运用语言的能力，强调语言运用的灵活性、原创性与有效性，能够更全面地反映学生的真实学习成效和综合语言素养。创造性能力不仅是语言学习成果的重要体现，更是学生在多元文化语境中进行创新沟通与问题解决的关键能力。因此，创造性的培养应贯穿外语教学全过程，涵盖课堂设计、教学方法、学习任务以及评估体系的各个方面。本书旨在通过理论研究与技术手段（如EEG脑成像技术和眼动追踪技术）的深度融合，为高校外语教学中创造性能力的系统培养与多维评估提供科学路径和实践支持，助力新时代复合型外语人才的培养。

实施阶段：创造性教学法的探索与实践

我们致力于将理论成果转化为可操作的教学实践。通过精心设计，我们探索并实施了以思维导图联想活动为核心的创造性教学方法。该方法旨在通过引导学生运用思维导图进行联想与拓展，有效培养其创造性思维能力、外语综合运用能力以及内在的学习动机。本书的研究方法具有鲜明的跨学科特色，结合语言学、教育学、心理学以及神经科学等多个学科的知识，从多个角度探讨外语教学模式与应用效果。这种跨学科的研究方法，有助于打破学科壁垒，促进不同学科之间的交流和融合，促进外语教学的创新。为此，我们设计并实施了一定周期的实践课堂，通过多种创新教学策略，提升学生的联想能力与创造性思维能力。首先，我们运用思维导图进行互动式教学，鼓励学生在视觉化呈现知识结构的过程中，激发联想思维，并构建更具逻辑性和层次感的认知框架。其次，采用小组合作学习，让学生在团队讨论、观点碰撞和任务协作的过程中，不仅加深对知识的理解，还能够从不同的角度启发新的思维路径。此外，我们引入情境模拟与角色扮演，让学生在沉浸式体验中激活多重感官，增强他们的创新表达能力。最后，通过跨学科知识融合，将外语学习与文学、科技、艺术等领域相结合，拓展学生的思维边界，提升他们创造性解决问题的能力。整个教学过程中，我们采用思维导图进行动态反馈与个性化指导，确保每位学生都能在积极参与中体验联想活动的乐趣，从而实现知识的深度内化与创造性能力的全面开发。

验证阶段：效果评估与数据分析

创造性评估远不止于对学生学习成效的衡量，更是教学实践反馈和优化的关键环节。通过精准评估学生的创造性能力，教师可以深入了解学生在语言学习中的优势与不足，从而针对不同认知特点和学习风格的学生，调整教学策略，优化课堂设计，提高教学效果。为了科学验证创造性教学法的实施效果，我们采用了多元化的评估手段，以确保研究结果的全面性、客观性和科学性。在保留传统测试成绩等量化分析方法的基础上，我们还结合问卷调查，深入了解学生的主观体验与态度变化，以捕捉他们在创造性学习过程中的心理感受与思维模式的转变。此外，我们创新性地引入EEG脑成像技术及眼动追踪技术，实时采集并分析精准的脑电及眼动指标，以量化大脑在创造性学习过程中的认知活动，提供客观的神经科学证据，从而对教学效果进行深层次验证。这些技术的应用，不仅丰富了评估维度，而且大幅提高了评估结果的客观性与准确性，使得创造性教学研究更具科学性和可操作性。

总结阶段：模型构建与未来展望

基于前期的理论研究与实证成果，本书构建了一个融合创造性培养策略与多维评估体系的综合模型，旨在全面提升外语教学中创造性能力的系统开发与科学评估水平。该模型不仅系统梳理并总结了创造性教学法在外语课堂中的有效实践路径，还从神经科学与教育心理学的视角出发，创新性地引入EEG脑成像技术与眼动追踪技术手段，构建了一套具有高度可操作性和可验证性的评估方法，使创造性培养的效果实现量化分析与实证验证。该综合模型强调创造性能力的多层次培养，涵盖认知流畅性、灵活性、独创性等关键维度；同时，通过整合传统评估工具与前沿技术手段，实现了从单一结果评估向过程导向评估的转变，为外语教学领域的创造性教育提供了新的理论框架与实践范式。在此基础上，本书对核心研究内容进行了系统总结与深入反思：既回顾了创造性教学法的理论渊源与教学实效，也剖析了当前研究存在的局限性，如样本范围有限、评估指标尚需进一步标准化等问题。此外，书中还前瞻性地提出了未来研究的发展方向，包括模型的跨学科拓展、不同语种及教育阶段的适应性研究，以及更大规模的教学实证推广等，以期为外语教育中创造性能力的持续培养提供更加科学、系统、可持续的理论支持与实践路径。

（3）章节结构

本书共包含7章内容（如图1-3所示），系统探讨创造性教学在外语课堂中的应用与评估。

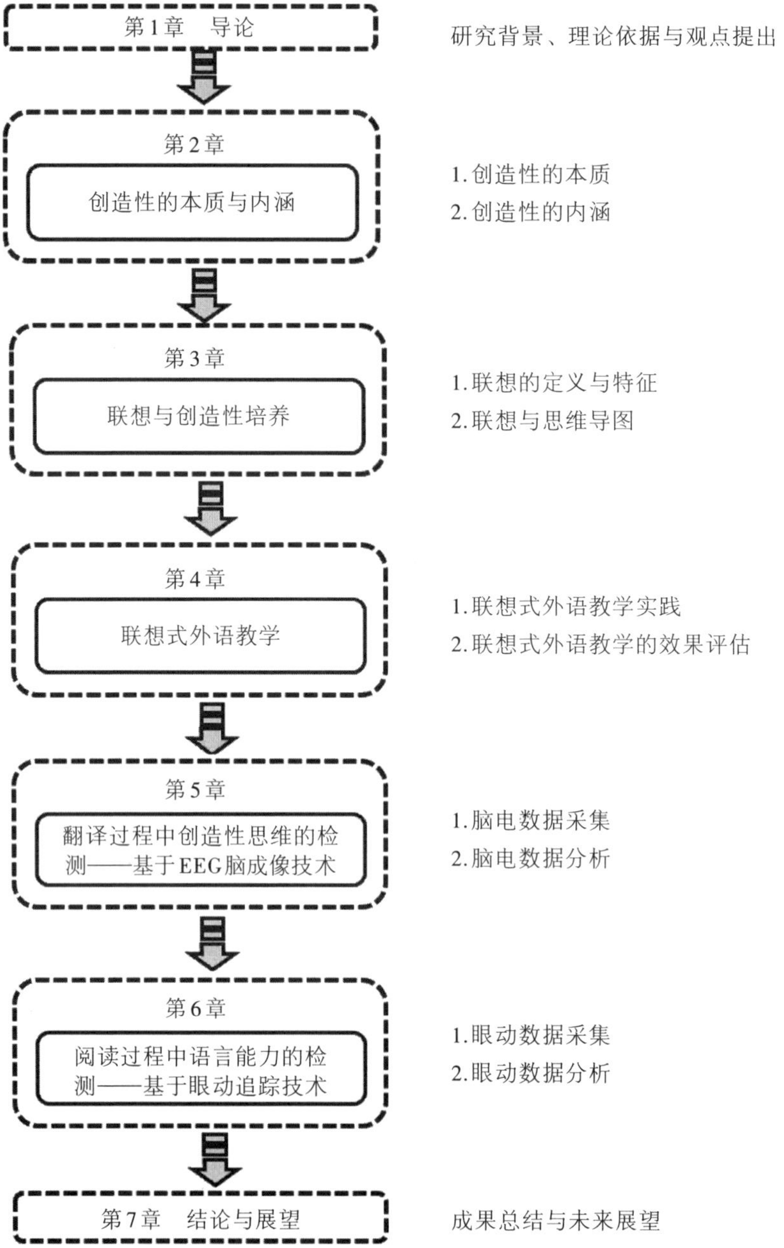
第1章　导论
研究背景、理论依据与观点提出
第2章
创造性的本质与内涵
1.创造性的本质
2.创造性的内涵
第3章
联想与创造性培养
1.联想的定义与特征
2.联想与思维导图
第4章
联想式外语教学
1.联想式外语教学实践
2.联想式外语教学的效果评估
第5章
翻译过程中创造性思维的检测——基于EEG脑成像技术
1.脑电数据采集
2.脑电数据分析
第6章
阅读过程中语言能力的检测——基于眼动追踪技术
1.眼动数据采集
2.眼动数据分析
第7章　结论与展望
成果总结与未来展望

图1-3　本书章节结构

第1章为导论，概述研究的背景、理论依据，明确相关概念，并提出核心观点，奠定全书的理论基础；第2章聚焦创造性及其在外语教学中的作用，系统梳理创造性的本质与内涵，分析外语教学与创造性培养的关系，提出基于创造性思维培养的外语教学方法，并强调创造性教学环境的构建作为教学创新的前提与保障；第3章提出了一种创新性的联想式外语教学模式，强调联想活动与思维导图的深度融合，通过具体教学策略，构建支持创造性潜能全面开发的教学体系；第4章从实践应用的角度，深入剖析联想式外语教学模式在不同课堂场景中的实施路径，结合案例分析，系统评估其对学生创造性思维和学习效果的影响；第5章和第6章借助前沿科学技术，采用EEG脑成像技术和眼动追踪技术对创造性教学的实施效果进行精准检测，通过对脑电和眼动指标的记录与分析，提供翔实的实证数据，论证联想式外语教学如何促进学生的创造性思维发展及语言能力提升；第7章对研究成果进行全面总结，探讨本研究的理论与实践贡献，并展望未来研究方向。

在当今及未来社会的教育语境下，教师被赋予了促进创造性教育、全面激发并深化学生创新精神的重要使命。本书致力于构建创造性外语教学模式及创造性评价标准体系，提出将创造性教学法融入外语教学实践中，精心设计了联想式教学策略与活动，其核心聚焦于学生创造性的培养，尤其是创造性思维能力的提升，而非局限于传统意义上的技能训练与外语知识传授。此项创造性教学法旨在通过构建一种以学生为中心、鼓励探索与创新的学习环境，有效培养学生的创造性思维能力，强化学生的外语综合运用能力，激发其内在学习动机与兴趣。通过运用前沿科学技术设备，本书深入探索了创造性教学法在提升教学效果方面的实际效能，从而在外语教学领域的教学评价方法上实现了创新性的突破。此评价方法巧妙融合了EEG脑成像技术与眼动追踪技术，构建了外语创造性教学方法与评估的知识体系框架，为科学、客观地衡量外语创造性教学效果提供了坚实的理论基础与实践指南。

创造性培养鼓励学生跳出传统的学习框架，以新颖的方式探索语言学习的无限可能。它要求学生不仅仅掌握语法、词汇等基础知识，更要学会如何灵活运用这些知识进行创造性表达。这种深度与广度的学习不仅提高了学生的语言运用能力，还增强了他们对语言背后文化的理解和感知。展望未来，外语教学中的创造性培养和评估对于提升学生的语言能力、激发学习兴趣、培养跨文化交际能力、提升创新思维与问题解决能力等方面具有重要意义。它们不仅是外语教育的重要组成部分，更是推动外语教育改革与创新的重要动力。因此，我们应该高度重视外语教学中的创造性培养和评估工作，努力为学生提供更加优质、高效、创新的外语教育服务。本书期望能够将此创造性外语教学模式及创造性评价标准体系推广至高校外语教学领域，不仅作为教学方法的革新，更是作为外语教学改革的重要驱动力，引领外语教学向更加灵活、高效、富有创造性的方向迈进。

2

创造性的本质与内涵

创造性不仅仅是产生新想法或新事物的能力，更是一种持续探索、挑战常规、勇于实践的精神状态。它涉及个体在面对问题时的灵活性、独特性以及适应变化的能力。如何在教学过程中培养和激发学生的创造性，成为当前教育研究的重要议题。本章旨在从多维度的学术视角，涵盖心理学、语言学以及教学领域，深入剖析创造性的本质与内涵。心理学研究表明，创造性思维通常依赖于发散性思维运作，而语言学研究则强调语言表达与思维发展的相互作用。此外，教育学研究进一步探讨了不同教学方法在创造性培养中的有效性，尤其是如何在外语教学环境中促进学生的创造力。在外语习得过程中，语言学习不仅是知识的积累，更是思维模式的重塑。创造性的发展与外语学习之间存在紧密的互动关系。一方面，外语学习能够拓宽学生的认知视野，增强其对不同文化和思维方式的理解，从而促进创造性思维的发展；另一方面，创造性思维的培养也有助于学生更高效地掌握语言，提高其表达能力和学习动力。因此，研究外语习得过程与个体创造性发展之间的相互作用机制，不仅有助于深化语言学习理论，也对教育实践具有重要的指导意义。

本章提出了一种创造性教学策略，即基于思维导图的联想式教学法。该方法通过视觉化的方式，帮助学生梳理和扩展思维路径，促进信息的关联与整合。例如，在外语课堂上，教师可以引导学生围绕某个核心概念展开联想，将不同的语义、语法结构及文化背景相结合，形成更加立体的知识网络。这种方法不仅有助于提高学生的语言表达能力，还能够有效激发其创造性思维，提高学习的自主性和趣味性。该方法旨在提升发散性思维能力、语言能力以及学习动机，有效激发并培养学生的创造性。创造性是学习和成长的重要驱动力，在外语教学中具有不可忽视的价值。通过基于思维导图的联想式教学策略和多元化的教学方法，可以有效打破语言学习中的

"固化"现象，激发学生的创新思维潜力。这种教学策略不仅能促进学生语言能力的提升，还能有效培养其批判性思维、问题解决能力和跨文化沟通能力，从而拓展其创造性思维的广度与深度。此外，通过引导学生进行深度联想与知识迁移，激发学习动机，使学生在学习过程中体验到更高层次的认知满足感与成就感，为其未来的学术研究与职业发展打下坚实的基础。这种创新性的教学方法通过注重学习过程中的主动思考与自主探索，在帮助学生掌握语言的同时，提升其语言生成能力、语境适应力及思维灵活性，培养其进行创造性表达的能力。同时，联想式教学通过动态调动学生的学习动机，促进他们在外语学习过程中积极投入，最终实现语言能力和创造性思维的双向提升。

2.1 创造性的本质

2.1.1 创造性的心理学定义

创造性作为一种深刻且多维度的心理现象，长期以来一直是学术界广泛关注的议题。创造性，也称为创造力，是一个复杂而多维的概念，通常指个体在解决问题、创造新产品或新思想时所展现出的新颖、独特且有价值的能力或特性（Guilford，1967）。创造性的基本结构可以从不同角度进行解析。在心理学上，创造性被视为一种解决问题的心理活动，它既包括创造性思维的过程，也包含创造力这一能力要素（Jones and Richards，2015）。具体来说，创造性思维能力是创造性的核心组成部分，它涉及直觉思维、灵感思维、发散思维、趋同思维、抽象思维和形象思维等多种思维能力的整合。此外，创造性还受到个性因素的影响，具有创造性的人往往具有冒险性、好奇性、想象力和挑战性等个性特征（Torrance，1988）。

创造性是一个复杂而多维的概念，它涉及心理过程、超常能力、表现形式、基本结构、特点以及影响因素等多个方面。在现代社会中，创造性已成为衡量个体素质和社会发展的重要指标之一。这一定义跨越了多个学科领域，并被众多学者从不同视角详尽阐述。目前大多数研究将创造性界定为个体生成原创性、富含想象力且独一无二想法的能力（Ruscio et al.，1998；Jones and Richards，2015）。这一界定蕴含了原创性、新颖性及价值性等核心要素，正如Nęcka（2001）所说，创造性是提出那些既前所未有又富有实际或理论价值的创新观念的能力。这一观点在Boden（2004）的论述中也得到了进一步的深化。Runco和Jaeger（2012）从意识形态行为的角度提出，创造性不仅是对现有领域的革新，更是将旧有框架转化为全新领域的力量。Simonton和Damian（2013）也进一步明确了创造性的评判标准，认为唯有那些同时展现出新颖性、独特性、高度适应性与实效性的想法，方能被真正视为创造性的产物。Kaufman和Sternberg（2015）在总结创造性的特征时，既强调了其作为新颖或创新标志的特征，也指出了其高质量完成任务的能力，即所生成的想法需兼具价值性与功能性。创造性是指在问题情境中超越已有经验，突破习惯的限制，形成崭新产品的心理过程。这一过程强调了个体在面对挑战时，能够跳出常规思维框架，寻求新的解决方案或创造新的产品，不受成规限制，能灵活运用知识、经验解决问题的超常能力。这种能力使得个体在面对复杂问题时，能够迅速整合并运用已有知识，产生独特的见解或解决方案。

创造性作为人类本质的一种属性，普遍存在于所有个体之中，尽管其表现形式与程度因人而异（Rogers，1954）。Csikszentmihalyi

(1978）将创造性个体的核心特质凝练为三大维度：其一，展现出超凡的智力与独到的见解，思维活跃且不拘一格；其二，倾向于以新颖独到的视角深入探索某一领域，体验过程充满创新与探索性；其三，秉持着自由探索的精神，勇于直面并探索未知问题，不断拓宽认知边界。此分类框架不仅深刻揭示了创造性个体的内在特质，也映射出创造性对人类创造性思维与实践活动的深远影响。进一步而言，每位个体均蕴藏着潜在的创造性能力，部分创造性潜能可能因缺乏适当的激发条件而隐匿未显，亟待有效挖掘与引导。在适宜的环境与条件下，这些潜藏的创造性能够得以释放并展现其独特价值（Rogers，1961）。此外，创造性并非孤立存在，而是一个多维度的概念，其形成与发展深受情感因素、内在动机、外部环境、知识储备以及学习方式等多重变量的共同影响与塑造（Sternberg and Lubart，1995）。因此，促进个体创造性的发展，需综合考虑并优化上述各因素间的相互作用。

创造性水平的提升与积极情绪状态之间存在着显著的关联（De Dreu，Baas，and Nijstad，2008）。在积极情绪的背景下，个体所处的环境更加有利于认知灵活性的发挥，同时这种情绪状态能够激发动机，因为情绪与动机之间存在着固有的内在联系。动机作为驱动创造性的关键因素，其类型可划分为内在动机与外在动机两大范畴。当个体受到内在动机的驱使，即出于对任务本身的热爱与享受，而非对外部奖励的期待时，他们往往会在工作或学习之中展现出更高的专注度与投入度，从而激发更为丰富的创造性产出（Amabile，1996；Csikszentmihalyi，1978；Nęcka，2001）。创造性潜能的充分释放依赖于个体的自主创造意识与强烈的创造动机，这两者构成了创造性行为的内在驱动力（Rogers，1954）。知识与实践经验的积累是获得创造性成果不可或缺的先决条件，它们共同构成了创造性表现的重要因素

(Kaufman and Sternberg, 2015)。值得注意的是，环境因素亦在情感、动机与创造性之间扮演着重要的联结角色（Simonton and Damian, 2013)。环境通过影响个体的情绪状态与动机水平，间接作用于其创造性过程，表现为一个全面且动态的创造性发展模型。其中，心理状态、内在动力以及外部环境均发挥着不可或缺的作用。创造性的发展受到多种因素的影响，包括遗传、环境、教育等。其中，教育在培养个体创造性方面起着至关重要的作用。通过提供丰富的教育资源、鼓励创新思维和实践探索，教育可以有效地激发个体的创造性潜能并促进其发展。

综上，从心理学的角度来看，创造性是一种集新颖性与功能性于一体的能力，其表现深受个体特征与环境因素的共同影响。深入把握心理学领域内对创造性的定义，对于创造性教育策略的有效实施具有至关重要的意义。在高校外语教学的语境下，推进创造性教育的核心在于深入挖掘并激发学生的创造性潜能，培养其创造性意识，以及激发其创造性学习的动机。这一过程可通过个性化培养与学习环境优化两大维度展开，旨在促进学生在外语学习过程中生成更多富有创造性的思考，进而不仅提升学习兴趣，还加速外语知识的积累，并同步提高他们的创造性思维能力。

2.1.2 语言习得与创造性

语言习得并非单纯的语言机械复制之果，而是大脑将外部语言信息内在化、整合化的复杂过程，这一过程本质上是一种“创造性构建”(Krashen, 1981)。此处的“创造”，系指思维活动的直接产物，它揭示了语言习得是大脑运用思维机制对外部语言刺激进行解析、吸纳、重构及再输出的动态流程，这一理论已广泛获得学术界的认可与支持（Dwight and Donald, 1981; Schmidt and Frota, 1986; Swain,

1995；Swain，2013）。Krashen（1986）提出的语言输入假说进一步阐明了这一过程。他指出在语言输入与语言习得之间存在着一个至关重要的语言吸收阶段，语言习得与创造性之间也存在着紧密而复杂的关系。语言习得是指个体通过学习和实践，逐渐掌握和使用语言的过程，而创造性则是指个体在解决问题、创造新产品或新思想时所展现出的新颖、独特且有价值的能力。并非所有输入的语言材料都能直接促成语言习得的发生，而是需要学习者对这些输入进行有效的消化与吸收，使之成为长期记忆的一部分，进而催化语言习得的实现（Krashen，1982；Van Patten，1996；Skehan，1998）。因此，语言习得不仅是外部信息内化的结果，更是大脑内部机制运作下思维活动的创造性展现（Schmidt，1990）。语言是思维的载体和工具，语言习得使个体能够用更加精确和丰富的方式表达自己的想法和感受。这种表达能力的提升为创造性思维的产生提供了更多的可能性和空间。这一过程深刻体现了大脑的创造性思维特质，语言习得强调了在外语学习中，培养语言的创造性运用能力至关重要，它是实现高效语言习得的关键所在。

传统外语教学模式往往局限在按部就班的课堂框架内，缺乏鲜活的语言实践环境，从而在一定程度上抑制了学习者大脑中的语言创造性潜能。语言习得不仅仅是词汇和语法的积累，更是对语言背后文化和知识体系的掌握。这种认知发展有助于个体形成更加复杂和多元的认知结构，从而增强创造性思维的灵活性和深度。语言是想象的翅膀，通过语言，个体可以构建出丰富多彩的想象世界。这种想象力的激发为创造性思维的产生提供了源源不断的灵感和动力。鉴于此，外语教学实践亟须探索并实施一种创造性教学法，并营造与之相宜的学习环境。这种教学法旨在激发并培育学生大脑中的语言创造意识，促进其语言创造性的发展。

通过这一途径，不仅能够深化学生对外语知识的掌握，更能在学习过程中显著提升其创造性思维能力，为培养全面发展的外语人才奠定坚实基础。

日常创造性作为语言的固有属性之一，普遍存在于语言运用的各个方面，并构成了人际沟通中不可或缺的关键维度（Carter，2015；Maybin，2016）。在交际过程中，联想起到了举足轻重的作用（Jakobson，1960；Halliday，1975）。具体而言，联想在推动语言表达方面发挥着积极作用，诸如通过编织创意故事，以及玩转双关语游戏等实践活动，使语言得以不断丰富与创新（Halliday，1975）。创造性思维使个体在语言使用过程中不拘泥于传统和常规，勇于尝试新的表达方式和语言结构。这种语言创新不仅丰富了语言的表现形式，也推动了语言的发展和演变。具有创造性思维的个体更善于运用各种学习策略和方法，如类比、归纳、演绎等，来加快语言习得的速度和提高学习效果。他们能够在语言学习过程中发现规律、总结经验，从而更加高效地掌握语言知识。

进一步而言，语言的初始功能之一或可视为构建联想世界的桥梁，无论是通过幻想构建虚拟场景、在游戏中探索语言边界，还是在故事讲述中展现语言魅力，均体现了语言与生俱来的创造性本质（Cook，1997）。这一本质在日常使用中得到了淋漓尽致的展现，表明语言活动本身就是一种持续的创造性实践。语言习得和创造性是相互依存、相互促进的。一方面，语言习得为创造性提供了必要的思维工具和认知基础；另一方面，创造性又推动了语言的发展和演变，提高了语言应用能力和学习效率。在实际的语言教学过程中，教师可以通过激发学生的创造性思维来促进学生的语言习得。同时，也可以通过加强语言教学来培养学生的创造性思维能力。

在外语教学中，传统方法往往侧重于单词记忆、语法规则的背诵以及句型和句子结构的机械性模仿，这类练习往往枯燥乏味且效果不显著。因此，教育者应转向一种更加注重开发与培养学习者创造性思维的教学方法。创造性思维使学习者能够根据不同的交际场合和对象灵活地运用语言进行表达与交流，从而提升其语言应用能力。这种能力的提高不仅提高了个体的社交沟通技巧，也为其在各个领域的创造性工作提供了有力支持。通过激发学生的创造性思维，能够促进他们在外语学习中更加灵活地运用语言，进而实现更高效的信息交流与合作，最终显著提高外语学习的整体效果。语言习得与创造性思维之间存在着密切而复杂的相互关系，两者相辅相成、相互促进，共同构成了认知发展与能力提升的核心要素。因此，在外语教育与研究中，我们应更加关注语言习得与创造性思维之间的相互作用和深远影响，为培养具有创新能力的外语人才做出更大的贡献。正如前文提到的联想活动，这类活动为外语学习者提供了一个将语言学习与创造性实践相结合的宝贵平台，是促进学生灵活掌握外语技能与提升个人创造力的有效途径。

2.1.3 外语教学与创造性

创造性在全球化深入及竞争日益激烈的当代社会中，其重要性已得到广泛认可（Simonton，2000；Shaheen，2010；Runco，2004）。这一能力与教学之间存在着显著且不可忽视的关联，在教学实践中，应将创造性培养作为核心目标之一（Frank，2024）。外语教学与创造性之间存在着紧密的联系，这种联系体现在教学的多个方面，包括教学方法、教学内容、教学评估等。然而，目前传统教学体系往往倾向于强调学术技能的掌握与考试成绩的提升，却在一定程度上忽视了对学生创造性的培养。外语教学与创造性之间存在着紧密的联系。在外语教学中注重创造性的培养不仅能够激发学生的学习兴趣和积极性，还能够培养他们的创新能力和综合素质。因此，外语教师应该积极探索和实践创造性教学方法和手段，为学生的全面发展和终身发展奠定坚实的基础。教学体系亟须进行革新，不仅要巩固学生的学术基础能力，更要积极促进他们创造性潜能的挖掘与培养，以适应并引领未来社会的发展需求。创造性教学注重教学内容的多样性和时代性，除了传统的语言知识和技能教学外，还应融入相关文化、社会知识等方面的联想内容，拓宽学生的视野和知识面。

传统外语课堂往往未能营造一个有利于创造性培养的学习环境氛围，导致学生内在动力不足，难以激发其创造性思维与独特想法的产生（Dörnyei，2005；Albert，2006；Milligan et al.，2023）。创造性教学能够打破传统教学的枯燥和单调，通过多样化的教学方法和实践活动，激发学生的学习兴趣和积极性。当学生能够在课堂上体验到学习的乐趣时，他们更有可能深入探索和学习外语。鉴于此，外语教学亟须转变传统的教学理念与观念，积极采取策略性措施，以加强学生的创造性培养。Andrew（2011）主张，在外语学习过程中，追求学习成效的同时不应牺牲学习的乐趣，而应构建一个愉悦且富有启发性的学习环境，使学生能够在这种轻松氛围中充分体验、深刻理解外语知识，并在此过程中促进其创造性思维能力的全面发展。

学生在面对具有启发性的问题时，其创造性表现会显著提升（Beghetto and Kaufman，2014）。课堂活动的精心设计不仅能够有效促进学生对外语知识的理解和掌握，还能作为桥梁助力学生学会创造性地运用外语进行交流（Krashen，1982）。为了系统地培养学生的创造性，应构思并实施一系列旨在促进创造性教学的任务和活动，这些活动需蕴含新颖性及适度挑战性，以趣味盎然的内容激发学生的探索欲。同时，教学策略应侧重于鼓励创造性思维，使学生沉浸于问题解决的过程中，享受其中的乐趣，从而在知识获取、内在动力激发及专业技能提升上实现多赢（Sawyer，2006）。学生对某项活动产生浓厚兴趣时，往往会展现出高度的自主性与积极性，从而能够更加主动地投身于学习过程之中，进而实现学习成效的显著提升（Cremin，2015；Cheung，2018）。创造性教学注重学生的语言实践能力和交际能力的培养，使学生能够在实际操作中运用所学语言知识，提高语言运用能力和跨文化交际能力。鉴于此，若能引导学生将注意力更多地聚焦于学习过程本身，而非仅仅关注学习结果，则有望显著促进学生的学习成就，并在此过程中激发学生的创造性思维能力（Maghsoudi and Haririan，2013）。外语学习不仅仅是语言技能的掌握，更是跨文化交际能力和创新思维的培养。创造性教学鼓励学生跳出常规思维框架，运用所学知识进行创造性表达和交流，从而培养他们的创新能力和解决问题的能力。

基于上述理论背景，本研究创新性地提出了一种在外语课堂中实施思维导图的创造性教学法。该方法旨在通过引入思维导图这一可视化思维工具，引导学生在外语学习过程中进行富有创造性的联想与构思，以期在营造趣味盎然的学习氛围的同时，有效提升学生的创造性思维能力与外语水平。这种创新教学模式不仅能够促进学生之间的思维碰撞与知识共享，还能为创造性思维的萌芽与成长提供肥沃的土壤，实现外语教学与创造性培养的深度融合。我们期望这一教学法的实施能够成为对传统外语教学模式的一次变革，不仅促进学生对外语知识的深度掌握与灵活运用，还能显著增强其学习动机，为学生的创造性培养奠定坚实基础。

2.2 创造性的内涵

创造性的多维影响因素可归结为三个核心的内部构成要素：创造性思维能力、专业知识以及动机。这三者紧密交织，共同作用于创造性的产生与发展过程之中（Amabile，1996；Amabile，1999）。本章将深入剖析并分别阐述这三个内部构成要素的具体内涵及其对创造性发展的作用。

2.2.1 创造性思维能力

（1）特征

创造性思维，是个体创造性的具体表现，系指个体在既有思维框架之外，通过构建新颖的联系与重组既有观念，展现出的一种高阶认知能力（Amabile，1996）。这一过程不仅是对既定思想资源的创造性整合，更蕴含了对目标实现的想象性驾驭，是经验积累与知识底蕴深度融合的产物（Guilford，1967）。创造性思维能力是一种重要且可培养的能力。通过有效的培养方法和实践训练，可以不断提升个体的创造性思维能力，为个人和社会的发展注入新的活力。创造性思维本质上是一种智慧型思维模式，其核心在于面对复杂问题时展现出的非凡解决能力，它超越了传统路径，倡导从前所未有的视角审视问题与情境，从而开辟出创新的解决策略与思路。创造性思维能力是一种高级的心理活动，它表现为思维活动的创造意识和创新精神，不墨守成规，寻求奇异和变化，是个体在思维过程中展现出的新颖性、独特性和有价值性的能力。它涉及直觉思维、灵感思维、发散思维、趋同思维等多种思维方式的整合，能够在面对问题时提出创新的解决方案或创造新的产品、思想等。

创造性思维，作为一种高阶认知过程，涵盖了多维度的能力（Guilford，1950）。其具有七大特征，分别为新颖性、灵活性、独创性、敏感性、流畅性、精细性以及再定义性（Guilford and Hoepfener，1971）。创造性思维的核心在于创新，这种新颖性体现在对前人、常人认知的超越，带来新的见解、发现或突破，从而具有首创性和开拓性。灵活性，是指创造性思维具有极强的应变能力和适应性，能够自由地发挥想象力，不受现有知识或传统方法的束缚。它允许人们在遇到问题时，从多角度、多侧面、多层次、多结构去思考，寻找解决方案。独创性，指的是能够孕育出超越常规、独树一帜的新颖见解。敏感性，通常是指对新现象、新问题具有高度的敏感性，能够迅速捕捉到环境中的变化，并将其转化为创新的源泉。流畅性，能够在短时间内产生大量的创意，在思考问题时，思维敏捷，反应迅速，能够迅速地在脑海中形成多种可能的解决方案。精细性，强调了对初步构想进行细节雕琢与深化拓展，进而形成精细的方案或计划的能力。最后，创造性思维的再定义性，是指对特定事物进行再定义，发现其多种使用方法和潜在价值，拓宽了事物的应用范围。创造性思维能力不仅仅是一种天赋，更是可以通过后天培养与训练得以提升的能力。它要求个体具备独立思考、勇于探索、敢于质疑的精神，以及灵活运用所学知识进行创造性思维和实践的能力。以上这些特征共同构成了创造性思维的核心要素。

（2）四阶段模型

创造性思维过程可划分为四个紧密相连的阶段：准备阶段、酝酿阶段、启发阶段，以及验证阶段（Guilford，1986）。每个阶段都有其特点和作用，它们共同构成了创造性思维的全过程。通过深入理解这些阶段的特点和规律，我们可以更好地培养和运用创造性思维能力，为个人和社会的发展贡献更多的创新成果。

准备阶段：此阶段作为创造性思维的起点，其核心在于情境刺激引发的广泛联想构建。此过程不仅涉及信息的主动搜集与精细筛选，更强调对信息内在关联性的深刻洞察，旨在为解决具有深远意义与价值的问题奠定坚实的认知基础。创造性思维能力强调与众人、前人有所不同，独具卓识。它要求个体敢于对已有的观念、方法和事物质疑，并勇于探索新的领域和可能性。通过此阶段的努力，个体能够汇聚多元线索，形成对问题的初步理解与框架构建。在准备阶段，个体开始关注并搜集与待解决问题或待创造项目相关的信息、数据和知识。这一阶段的核心在于建立广泛的知识基础，理解问题的本质，并明确解决问题的目标和约束条件。个体需要调动已有的知识经验，进行初步的分析和思考，为后续的创造性活动做好准备。此外，心理准备也至关重要，包括保持开放的心态、激发好奇心和求知欲，以及培养对挑战和失败的积极态度。

酝酿阶段：当直接的问题解决尝试遭遇阻碍时，思维活动自然而然地过渡到酝酿阶段。此阶段虽看似处于问题解决的暂停状态，实则内在心理机制仍在持续运作，表现为无意识层面的信息加工与整合。酝酿阶段是创造性思维过程中的一个相对静默但至关重要的阶段。在这一阶段，个体将问题或项目暂时搁置一旁，转而从事其他活动或休息。然而，尽管表面上看似没有直接进行创造性思考，但大脑实际上仍在潜意识层面继续工作，对之前搜集的信息和知识进行整合、重组和加工。这种非线性的思考过程有助于打破常规的思维模式，产生新的想法和灵感。因此，酝酿阶段对于创造性思维的成功至关重要。创造性思维具有“自此思彼”的能力，能够从一个现象联想到其他相关或相似的事物，从而发现新的联系和规律。大脑的潜在意识在此扮演关键角色，它不受意识控制的束缚，自由地在已有信息间进行筛选、重组与融合，为后续的创造性突破孕育潜在可能。

启发阶段：此阶段标志着创造性思维的突破性进展，个体在此经历突如其来的认知飞跃，即所谓的“灵光一闪”。在这一瞬间，长期困扰的问题得以豁然开朗，新颖的解决方案如泉水般涌现。启发阶段是创造性思维过程中的高潮阶段，也是新想法或解决方案诞生的时刻。在这一阶段，个体经历了“顿悟”或“灵感闪现”的瞬间，突然之间找到了解决问题的新方法或创造了新作品。这种启发往往源自之前准备阶段和酝酿阶段的积累，但也可能受到外部环境的刺激或触发。启发阶段的特点是思维的跳跃性和非线性，个体需要迅速捕捉并记录下这些宝贵的灵感，以便后续进一步验证和完善。创造性思维善于从不同的角度思考问题，能够提出多种设想和答案，增加解决问题的可能性。启发阶段的到来，往往是前期准备与无意识加工共同作用的结果，它展现了思维在特定情境下的非凡创造力与跳跃性。

验证阶段：作为创造性思维的最终归宿，验证阶段承担着将理论构想转化为实践成果的重任。在此阶段，前一阶段提出的解决方案需经过严密的细化、实施与测试，以确保其在实际应用中的有效性与可行性。验证阶段是创造性思维过程的最后阶段，也是将新想法或解决方案付诸实践并检验其可行性的阶段。在这一阶段，个体需要对新想法进行详细的分析和评估，检查其是否满足问题的需求、是否具备可行性和有效性。这可能需要采取实验、模拟、测试或咨询专家意见等多种方式。在验证阶段，个体可以进一步完善和优化新想法，确保其能够在实际应用中发挥最大的效用。同时，验证阶段也是检验创造性思维成果的重要环节，它证明了创造性思维的实践价值和意义。在思维进程中，创造性思维能够省略不必要的步骤，直接找到问题的关键所在，表现出跨越性的思维特点。创造性思维需要综合运用多种知识和能力，将不同的信息、观点和思路进行整合，形成新的认知结构和解决方案。通过这一系列的验证过程，不仅能够检验解决方案的可靠性，还能进一步挖掘其潜在价值，推动创造性思维成果向更广泛的领域传播与应用。

创造性思维四个阶段相互关联、相互依存，共同构成了创造性思维过程的完整体系。在实际应用中，不同个体或团队在创造性思维过程中可能会表现出不同的特点和风格，但总体上都会遵循这一基本模式进行思考和探索。四阶段模型为深入探究创造性思维机制及其在外语学习等领域的应用提供了有力的理论支撑。

（3）发散性思维

创造性思维是个体创造性的具体表现，其核心是发散性思维。发散性思维在创造性思维的整体架构中占据着核心且至关重要的地位，其被普遍视为创造性培养过程中一个不可或缺且至关重要的组成部分（Guilford，1986；Russ，2003）。发散性思维，又称扩散性思维、辐射性思维或求异思维，是一种从多角度去思考探索问题，寻找多样性解决问题的思维方式。发散性思维是指从某一中心点出发，通过联想、想象、类比等方式，向多个方向拓展和延伸的思维方式。它鼓励个体突破原有的知识圈和思维定式，充分发挥想象力，从多个角度和层面去思考和解决问题。

发散性思维的核心特质在于其非线性的思维流向，促使个体在信息处理与记忆重构中采取灵活多变的策略，从不同维度与视角出发，实现对既有知识的重新编排与整合，进而催生出大量新颖且独特的观念与想法（Guilford，1967；Guilford，1986）。发散性思维是指沿着各种不同的方向去思考，重组眼前的信息和记忆系统的信息，从而产生出大量独特的新思想。发散性思维强调从多个角度去观察和分析问题，寻找不同的解决方案。它克服了常规思维中单向思维的缺陷，是一种不依常规、寻求变异，从多方面探索答案的思维形式，是创造性思维基础和重要组成部分。它允许思维自由驰骋，不拘泥于传统的思维模式和方法。此过程聚焦于针对某一特定主题，系统地生成并探索多元化的相关思维路径与解决方案，从而极大地拓宽了问题解决策略的广度与深度。

在创造性思维的七大特征中，流畅性、灵活性与独创性构成了发散性思维的三大支柱（Guilford，1986；Kim，2006），它们协同作用，共同推动了创造性思维的发展。流畅性确保了思维过程的连续性与丰富性，使个体能够迅速且大量地产生相关想法；灵活性则赋予了思维过程以高度的适应性与变通能力，鼓励个体跳脱传统框架束缚，探索未知领域；而独创性，作为发散性思维的精髓所在，则是推动思维成果创新性与独特性的关键力量。发散性思维以其独特的思维路径与策略，有效弥补了传统单向思维的局限性，成为了一种追求变化、勇于探索、全面审视问题的思维方式。它不仅构成了创造性思维的基础与核心，更为个人与社会的创新发展提供了源源不断的智力支持。

在外语学习中，发散性思维的重要性不容忽视，它对于提升学习者的语言应用能力、促进跨文化交流能力以及增强创新能力具有深远的影响。发散性思维有助于学习者在掌握语言基础知识的同时，能够灵活运用所学，构建多样化的语言表达方式。通过重新组合知识和观念，发散性思维能够产生新颖、独特且有价值的想法和创意。发散性思维依赖于联想和想象，能够将看似不相关的事物联系在一起，从而产生新的启示和发现。外语学习不仅仅是语言技能的学习，更是对目标语言所承载文化的理解和适应。发散性思维是一种重要的思维方式，它有助于学习者打破思维定式，拓宽思路，并发现更多的可能性。通过不断练习和应用，学习者可以逐渐提高自己的发散性思维能力并在各个领域中取得更好的成果。发散性思维能够帮助学习者在接触不同文化时，保持开放的心态，主动探索文化差异，理解并尊重不同文化背景下的思维方式和行为习惯。在外语教学实践中，应重视培养学习者的发散性思维，为他们创造更加开放、多元的学习环境。

然而，目前多数外语课程体系与教学方法仍普遍聚焦于专业能力的强化（Dörnyei，2005；Albert，2006）。这种倾向性导致了一个不容忽视的问题，即众多外语专业学生在掌握专业领域所需语言技能的同时，普遍缺乏创造性思维能力，这对于其未来的职业发展与跨文化交流构成了潜在障碍。在外语课程中，发散性思维的应用对于提升学生的语言学习能力、创造力和综合素质具有重要意义。鉴于此，外语教学领域内的研究者和教育工作者日益呼吁对传统教学模式进行深度革新，强调探索并实施以发散思维发展为核心的新型教学策略，旨在引导学生超越机械记忆与规则遵循的局限，转而培养其在外语环境中自由表达、灵活应用及创新思考的能力（Andrew，2011；Mayer，2002；Maghsoudi and Haririan，2013）。例如，在外语课文教学中，教师不应仅停留于课文内容的理解与复述，而应鼓励学生围绕文章展开多维度的联想和延伸性思考。教师可以引导学生从语用策略、语言风格、文化象征、叙述视角等多个角度深入挖掘文本内涵，激发他们对语言使用的多样化理解。通过设置开放性问题、组织小组讨论或角色扮演等教学活动，促使学生跳出单一思维路径，拓展其思维的广度和灵活性，从而有效促进发散性思维的发展。此外，外语课程作为跨文化教育的重要载体，也为发散性思维的培养提供了广阔空间。教师可以引入多元文化背景内容，如外国的价值观、社会习俗、历史传统与语言背后的文化隐喻，鼓励学生进行跨文化比较与反思。在此过程中，学生需跳脱本文化的思维框架，尝试从多角度、多维度理解并解读差异，这一过程本身就是对发散性思维能力的积极锻炼。

基于上述背景，本书提出一种以培养学生创造性思维能力为核心，特别聚焦于提升发散性思维能力的创造性教学法。该方法在教学设计中引入基于思维导图的联想式教学策略，旨在构建一个富有启发性和探索性的学习环境，引导学生跳出传统语言学习的线性思维框架，激发其多维度、开放性、创造性的认知路径。外语课程中的发散性思维培养可广泛应用于词汇与语法教学、课文阅读理解与分析、语言写作实践与运用等多个环节。在词汇教学中，教师可引导学生利用思维导图围绕一个核心词进行语义联想、语义扩展和跨文化对照，促进词汇网络的构建与概念的灵活迁移；在课文阅读教学中，学生可借助思维导图梳理文章逻辑结构、分析作者意图并尝试多种视角的文本重构，激发其创新解读能力与表达能力；在语言写作实践教学中，教师可鼓励学生通过构建思维导图，将不同价值观与语言特色进行联想分析，拓展其全球视野与跨文化理解力。通过这些教学活动的系统实施，学生不仅能够提升语言学习能力与创造力，更能在潜移默化中实现认知结构的重构与思维模式的转变。本教学法强调在语言学习中融入创造性思维训练，将语言作为思维的载体和工具，使学生在获取语言能力的同时，具备解决实际问题的能力和创新表达的意识。这些创新举措不仅有助于语言技能的提升，更着眼于学生思维潜能的激发与全面素养的培育，尤其是在发散性思维这一关键领域的深化拓展，为构建更加开放、灵活与高效的外语学习体系奠定了坚实基础。

2.2.2 专业知识

专业知识在推动创造性成就方面占据着举足轻重的地位（Kaufman and Sternberg，2015）。专业知识是所有创造性工作的基础，当个体具备某一领域中的专业知识时，其创造性潜能也会相应提高。无论是科学研究、创作还是技术创新，都需要深厚的专业知识作为支撑。这些知识不仅包括基本理论、原理和方法，还包括前人的研究成果和经验总结。没有这些基础，创造性就如同无源之水、无本之木。专业知识为创造性活动提供了必要的理论框架和实践依据，使得个体能够在熟悉的领域内进行深入的思考和创新的尝试。专业知识在个体头脑中形成的知识结构对创造性有重要影响。现代认知心理学认为，陈述性知识（关于“是什么”和“为什么”的知识）是创新能力形成的前提条件。只有牢固掌握陈述性知识，在头脑中形成一定的知识结构，才能为程序性知识的获得和创造性的培养提供坚实的基础。同时，专业知识能够激发个体的创造性潜能，通过学习和掌握专业知识，个体能够不断拓展自己的知识边界，发现新的问题和挑战，从而激发其探索未知、寻求创新的欲望和动力。创造性外语教学方法，促使学生从传统的“知识被动接受与积累”模式积极转变为“主动探索与知识建构”的新型学习范式。这一过程不仅促进了学生认知结构的优化与深化，更为培养具备创造精神与实践能力的外语人才奠定了重要的方法论基础。

Ottó（1998）通过量化分析揭示了创造性与外语能力之间存在的统计显著性关联。在该项研究中，创造性被多维度地量化评估，采用了一系列创造性测试工具，包括但不限于联想任务、多用途任务、共同问题任务、后果任务及类别任务，这些测试旨在全面捕捉个体的创造性表现，外语能力则通过标准化的期末考试成绩进行客观衡量。专业知识有助于提升问题解决能力，这是创造性活动的重要组成部分。在特定领域，专家和新手在解决问题的速度和正确性上有很大不同，关键在于专家的专业知识结构与新手的知识结构在数量和质量上都有极大的不同。创造性分析深入剖析了四个核心要素：联想流畅性、概念流畅性、独创性以及对问题的敏感性。研究结果明确指出，上述四个要素均与学生的外语学习成绩展现出显著的正向关系，即创造性得分较高的学生在外语学习上能取得更为突出的成就。

Ghonsooly（2012）的研究进一步拓展了这一领域，他发现了外语学习与发散性思维能力，即个体在面对刺激时展现出的多样化反应能力之间的紧密联系，并指出两者之间存在正向相关性。专业知识使个体能够更准确地识别问题、分析问题，并找到有效的解决方案。这种能力在创造性活动中尤为重要。专业知识的学习过程也是思维训练的过程。通过专业知识的学习，个体可以培养逻辑思维、批判性思维等高级思维能力，这些思维能力是创造性活动所必需的。在该项研究中，通过评估学生在流利性、灵活性及独创性等发散性思维能力上的表现，发现外语能力较强的学生在这些方面显著优于外语能力较弱的学生。在专业知识教学中，应注重培养学生的创新意识。通过引导学生积极参与创造性活动、鼓励他们提出新观点和新方法等方式来激发学生的创造性潜能。专业知识与创造性之间存在着密切而复杂的关系。专业知识是创造性的基础，能够促进创造性的发展；而创造性则能够推动专业知识的创新和应用。因此，在教育和科研工作中，应充分重视专业知识与创造性的关系，努力培养具有创新精神和实践能力的人才。这一发现不仅强化了创造性与外语学习相互促进的观点，还暗示了教育实践中应注重培养学生在语言习得过程中的发散性思维能力。

综上所述，专业知识、创造性潜能与外语能力三者之间存在着紧密而复杂的关系。它们相互依存、相互促进，共同构成了个体在学习和工作中取得成功的关键因素。因此，在教育实践中，我们应深入探索并有效实施一套综合性的教学策略，不仅要注重传授学生专业知识，更需要提高学生创造性潜能和外语能力等方面的综合素养，以培养出更多具有创新精神和实践能力的高素质人才。

2.2.3 动机

个体鲜少会投身于真正富有创造性的活动，除非这些活动源自其深厚的内在喜好与热情（Amabile，1996；Amabile，1999）。动机作为驱动学生学习活动的核心要素，其本质在于学习目标的内在化，使学生能够从参与过程中获得情感上的满足与成就感。这一心理机制构成了一种自发的、非外在诱因驱动的力量，能够在缺乏直接奖励或外部压力的环境下，自发地激发并维持学习行为。学习动机中的好奇心和求知欲是创造性思维的重要驱动力。当个体对学习充满热情，渴望探索未知领域时，他们更有可能产生新的想法和解决方案。这种好奇心和求知欲促使他们主动寻找问题、挑战传统观念，并尝试从不同角度进行思考。动机在评估个体在其专业领域内创造性潜能的展现上占据着举足轻重的地位。Bruner（1978）阐述了动机作为创造性能力的核心作用，强调其对激发与促进个体创造性过程具有不可替代的价值。具体而言，高水平的动机不仅是创造性人才的标志性特征，更是推动他们不断突破界限、探索未知领域的强大内在驱动力。

动机原则被确立为创造性活动的社会心理学基石（Amabile，1988；Amabile，1995）。当个体被工作或学习的内在满足感与挑战性所驱动，而非单纯依赖外部压力时，其创造性表现将达到巅峰状态。在此情境下，高动机的个体不仅会积极主动地寻求并承担任务，还会积极调动其现有的知识与经验，对当前情况进行深入剖析，从而孕育出丰富多样的创新思维与反应（Craft，2010）。强烈的学习动机使个体更愿意主动学习，这有助于培养他们的自主性和自信心。自主性使个体能够独立思考、自由表达自己的想法，而自信心则让他们敢于尝试新的方法和思路。这种自主性和自信心的提升为创造性思维的发展提供了有利条件。创造性思维鼓励人们跳出常规框架，勇于尝试不同的视角和方法，以找到非传统的解决方案或创造出前所未有的作品。这种能力是推动社会进步和个人成长的重要动力。即便置身于充满外界干扰（如竞争压力、评价体系等）的环境中，高动机个体仍能保持一种开放而敏锐的心态。创造性活动本身能够激发和增强学习动机。当个体在创造性活动中取得成功时，他们会感受到成就感和满足感，这种积极的情感体验会进一步激发他们的学习热情。同时，创造性活动还能够培养个体的兴趣和爱好，使他们更加愿意投入到学习中去。他们擅长于从纷扰的刺激中抽丝剥茧，捕捉到那些潜藏于表面之下的、对解决问题至关重要的线索。这种能力不仅体现在对信息的深度挖掘上，更在于他们敢于突破常规、面对未知挑战的勇气。在思考过程中，他们的思维展现出新颖性、独特性与流畅性的完美结合，使得他们能够以创造性的方式解决复杂问题。

外语教学的范畴应当超越传统课程的界限，聚焦于学生学习热情的点燃与动机的激发（Gardner，1978；Gardner，1999）。学习动机促使个体不断寻求新的知识和技能，从而提升他们的创新能力。在解决问题的过程中，个体需要运用多种思维方式和技巧，这有助于培养他们的灵活性和创造性。同时，通过不断尝试，个体能够积累宝贵的经验，进一步提升他们的创新能力。Gardner（1999）进一步细化了动机的构成，强调了三大核心要素：一是整体性的动机，涵盖对外语的整体兴趣与综合取向；二是对学习情境的动机，具体表现为对授课教师及课程内容的评价；三是动机强度，即个体学习外语的愿望及对此所持的态度。创造性活动会为学习提供动力，个体需要不断学习和探索新的知识和技能，以满足他们的创造需求。这种学习动力不仅有助于提升他们的学习效果，还能够促进他们的全面发展。语言自信能够显著增强学生的学习动机，提升学生的自我效能感，是激发其学习动力的重要途径。

基于上述理论背景，本书旨在提出一种创新性的教学法，将动机提升作为培养学生创造性的关键环节。学习动机与创造性之间存在着密切而相互促进的关系，在教学过程中，教师应注重培养学生的学习动机和创造性，为他们提供多样化的学习机会和环境，以促进他们的全面发展。我们希望构建一个基本的激励学习框架，不仅能增强学生的外语学习信心，还能提升他们的学习满意度。这一过程中，学生将逐渐形成良好的外语学习习惯，并在不断的探索与实践中，展现出更高的创造性与解决问题的能力。同时，教师在课堂上营造一种既充满乐趣又充满支持的学习环境，让外语学习成为一种充满激情与乐趣的体验，从而激发学生的内在动力，培养其对外语学习的积极价值观与态度。

在教学实践层面，激发学生的内在动机被视为促进其创造性能力全面发展的重要路径。本书主张通过构建以学习者为中心的教学生态，鼓励学生追求知识的深度理解与技能的灵活应用，激发其好奇心、探索欲和问题意识，从而最大限度释放其创造潜能。在此过程中，学生被赋予更多的思维空间与自主权，能够在自我驱动中主动建构知识体系，实现从被动学习者向积极探索者的身份转变。为了更有效地评估这一教学策略的实施效果，本书引入了“内在兴趣评估”（Intrinsic Interest Assessment）作为关键的评估工具。该方法有助于识别学生对任务本身的兴趣程度，进而为其提供更具个性化与针对性的教学支持（Nicholls，1984；常文静，2018）。此外，问卷调查作为一种广泛应用于教育研究中的工具，因其高信效度，被认为是分析学生学习动机的有效手段（Harter，1978）。因此，本书将主要依托学习动机问卷调查法，对学生群体的学习动机进行系统化、量化的分析，旨在获取翔实的实证数据，进一步为教学设计与策略优化提供科学依据和现实支撑。综上所述，通过在教学实践中将学习动机与创造性培养紧密结合，并辅以科学评估方法的支持，本书不仅为外语教学创新提供了新的理论视角，也为教育实践者提供了切实可行的教学路径与评估工具，助力培养具有高阶思维能力与综合素养的新时代外语人才。

2.3 本章小结

综上所述，本章系统阐述了创造性的本质与内涵，并探讨了促进创造性发展的教学方法，旨在为外语教学中学生创造性的培养提供理论支撑与实践启示。创造性不仅是个体产生新颖想法或创新成果的能力，更是一种持续探索、挑战常规并勇于实践的思维品质与心理特征。它体现了一种内在驱动的认知方式，使个体能够不断突破既有知识结构与经验模式，开辟更广阔的认知路径与思维空间。需要指出的是，创造性并非源自偶然或灵感的瞬间闪现，而是植根于创造性思维能力的培养、知识积累的厚度以及学习动机的持续激发等多个方面的系统构建。外语学习本身就是一个具有高度创造性特征的过程，它要求学习者灵活地整合与运用所学语言知识。因此，外语教学若忽视对学生创造性思维的培养，往往会导致“语言固化”现象的发生，即学生虽然具备语言知识储备，但在实际语言运用中缺乏灵活性与创新性。在实际教学中，教师应有意识地激活学生大脑中的创造性潜能，设计富有开放性和挑战性的教学任务。为进一步落实上述理念，本书下一章将系统提出一种创新性的教学策略——基于思维导图的联想式外语教学法。该方法强调在轻松、富有支持性的学习环境中，利用思维导图引导学生开展词汇联想、语篇延展、文化链接等多元联想活动，从而在激发学生创造性思维的同时，有效提升其语言综合运用能力与学习动机。通过引入这种教学策略，不仅能够重塑语言学习中的认知结构与思维方式，还可为学生搭建一个联结知识与思维、语言与文化的平台，进而实现语言能力、创造性思维能力及学习动机的协同发展。该方法的实施将为构建开放、灵活、高效的外语教学体系提供新的路径，也为提升学生的整体学习成效与综合素养奠定坚实基础。

3

联想与创造性培养

本章主要探讨联想的定义、特征与类型，并深入分析其在激发创造性思维方面所发挥的重要作用。在此理论基础上，提出一套基于思维导图的联想活动实践方案，旨在将联想策略系统融入外语教学的多个环节，以全面提升学生的创造性思维能力、语言运用能力与学习动机。具体而言，该方案包括以下三类联想活动：（1）词汇联想：以一个核心词为起点，围绕该词进行意义扩展与概念延伸，将相关词汇、短语、固定搭配乃至语义场中的同义/反义词等内容以分支形式呈现在思维导图中。教师还可以引导学生将该词置于不同语境下进行文化联想与语用分析，思考其在源语言与目标语言中的翻译策略和语义迁移。（2）阅读联想：在阅读教学中，学生运用思维导图将文本中的关键信息、主题脉络、人物关系等内容进行图式化整理，并结合自身经验与跨文化视角展开联想分析。在此基础上，教师可以设计段落翻译或节选重述等活动，鼓励学生尝试将原文转换为目标语言，从而提升其对文本语义的把握能力与语言转换技巧，进一步训练其理解—转化—表达的综合翻译能力。（3）写作联想：写作教学中，思维导图可作为构思工具，帮助学生围绕作文题目或主题展开多维度联想。学生可以从语言素材、论点构建、论据支持、结构安排等方面进行系统化构图，构建文章整体框架。同时，教师可引导学生思考某一主题在不同文化背景下可能呈现的多样性视角，丰富写作内容的文化深度与思想广度，提升其写作的创造性与批判性。通过上述三类联想活动的整合与实施，旨在鼓励学生在学习过程中积极运用联想策略，激发创造性潜能，实现创造性思维能力、语言能力和学习动机的全面发展。

3.1 联想的定义与特征

3.1.1 联想的概念

联想，作为一种心理认知机制，指的是个体在感知或思考某一特定事物、概念或现象时，由此触发并构建对与之相关联的其他事物、概念或现象的认识过程（王如平，2012）。联想过程往往是自发的，不需要刻意的努力或控制。当我们的感官接收到某个刺激时，相关的记忆或概念会自动浮现在脑海中，形成联想。联想是一种重要的心理过程，涉及在不同事物或概念之间建立联系的能力。这一过程深刻体现了人类思维的创造性，它不仅是信息处理的简单映射，更是对既有知识结构的重构与拓展。联想作为一种认知策略，其核心在于将外界刺激（事物信息）与内在思维活动深度融合，通过这一融合过程催生出新的、具有创造性的构想或见解。联想通常指的是将一个概念或事物与另一个相关的概念或事物联系起来，从而形成新的理解或思考。这种联系可能是基于相似性、关联性或经验等方面。在认知科学和心理学中，联想是通过思维或记忆中的自发过程，将两个或更多的概念、想法或记忆联系在一起。联想可以是多种多样的，包括但不限于相同相似联想、相对相反联想、相关联想和因果联想等。例如，看到一只苹果，可能会联想到它的口感、颜色、形状等相似特征，或者联想到与苹果相关的故事、经历等。

联想依据其内在逻辑与关联性质，可分为相似联想、接近联想、对比联想及因果联想（王竹立，2016）。相似联想，即基于事物间形态、功能或性质的相似性，由一事物联想到另一相似事物，从而激发新的思考方向或创意；接近联想，则侧重于事物在空间布局、时间顺序或经验连续性上的邻近性，通过此类联想促进思维的连贯与延伸；对比联想，则聚焦于事物间性质、特征或状态的对立性，通过对比反差激发深层次的认知分析与批判性思维；而因果联想，则遵循逻辑上的因果，由原因联想到结果或由结果回溯原因，深化对事物间内在联系的理解与把握。此外，联想在认知心理学中常被区分为近距离联想与远距离联想，两者在记忆提取与创造性思维中扮演着不同但互补的角色（Mednick，1962）。具体而言，近距离联想有助于记忆的快速检索与巩固，而远距离联想则深刻关联于创造性思维过程。Mednick（1962）在其创造性理论中首创性地引入了远距离联想的概念，在复杂的语义网络中，概念间的联系强度各异，某一概念的激活程度直接映射出它与另一概念间表征的"距离"——联想的难易程度，不易联想到的两者被视为处于较远的联想空间。

联想的形成和发展高度依赖于个体的经验和感知，不同的个体由于生活经历、文化背景和认知结构的不同，可能会对同一事物产生不同的联想。高创造性个体展现出一种独特的认知模式，他们能够跨越常规界限，轻松生成大量远距离联想，其"联想层级"广泛且深远，这反映了一种倾向：不局限于选择高预期、典型的联想路径，而是勇于探索那些与刺激源关联度低、预期外的联想词。这种偏好不仅拓宽了思维的边界，也与创造性思维的核心特征之灵活性和独创性高度契合。

在外语学习领域，学生可以灵活运用多种联想方式，将新学词汇、语法结构与已有知识建立起多维度的联系。这种联系不仅有助于增强记忆的牢固性，还能拓展语言理解的深度与广度，从而实现更高效、更具创造性的语言习得过程。虽然联想本身并不等同于创造，但它作为创造性思维的重要认知机制，能够为创新提供关键的素材与灵感来源。通过联想，学生得以在原有知识体系的基础上获得启发，进一步生成新颖的观点与解决方案。为了有效培养外语学习者的创造性思维能力，教师可以有针对性地设计包括词汇联想、阅读联想和写作联想在内的系列教学活动。这些活动不仅帮助学生构建语义网络、深化语言理解，更重要的是引导他们跳出传统的线性思维框架，探索更加多元化、个性化的思维路径。通过持续性的联想训练，学生能够逐步增强认知的灵活性，提升对语言结构与语义之间复杂关系的敏感度。此外，这些基于联想的教学活动在潜移默化中促进了学生创造力的内化发展。语言学习不再仅仅是对规则的记忆与模仿，而成为一个主动建构意义、探索表达可能性的创造过程。最终，学生不仅能够以更灵活、更具批判性的方式使用外语进行表达与交流，还将在长期学习过程中培养出坚实的创造性思维基础，为其学术研究、跨文化沟通及未来职业发展奠定坚实基础。

3.1.2 联想的类型

联想作为认知活动的重要组成部分，可细分为以下三大主要类型。

一是自由联想。自由联想是一种思维的自由探索，是思维的发散式过程，即个体在不受特定限制下，自然而然地由一概念跃迁至另一相关或不相关概念的过程。此过程的自发性与结果的不确定性，使其成为创新思维与灵感激发的温床。

二是逻辑联想。逻辑联想是一种更为结构化与条理化的联想方式，其核心在于围绕既定的中心议题，遵循严密的逻辑框架与既定规则，精心筛选并排列相关关键词汇，强调层次清晰与隶属关系的明确表达。此方法不仅有助于提升学习者的记忆效率与理解深度，还促进了对问题的深刻剖析与周密思考。

三是强制联想。强制联想作为一种突破常规界限的联想策略，强调对传统逻辑与表象范畴的超越，旨在激发那些原本难以预见、超越常规逻辑框架的新颖、奇异乃至颠覆性的设想。此类联想鼓励个体跳出既定思维模式，探索未知领域，是创新思维与创造力培养的关键途径。这些联想类型在日常生活和学习中广泛应用，有助于我们更好地理解和记忆知识，提高思维能力和创造力。

在本书中，我们将上述三种联想类型系统地运用到了词汇学习、阅读理解及写作创作等实践活动中。具体而言，通过自由联想促进词汇间的自由关联与灵感迸发；借助逻辑联想强化阅读文章结构的系统性与理解的深度；同时，利用强制联想挑战传统思维定式，激发学生写作的创造力与想象力，从而在多个维度上丰富并深化了联想活动在学术教育与实践应用中的价值。通过将这三种联想方式科学整合并嵌入实际教学环节，我们不仅拓展了联想活动在语言学习中的应用广度与深度，也在认知层面上强化了联想与创造性思维之间的互动机制，展现了联想策略在促进学生发散性思维、语言能力与学习动机三者协同发展方面的潜力。

3.1.3 联想与创造性

联想与创造性有着非常密切的关系，培养学生的联想式思维，对提高创造性有很大的促进作用。把不同领域或看似无直接关联的概念与事物进行有效联结的能力，被视为创造性过程的核心要素（O' Malley and Chamot，1990）。联想为创造性思维提供了重要的素材和灵感，有助于促进创造性的发展；而创造性也推动着联想的深化，进一步拓展联想的广度和深度。创造性思维的精髓在于“二元联想”，即在两个看上去毫无联系的观念和事物之间建立联系的过程，也就是说把“平凡”且孤立的观念组合起来形成“非凡”的创意构想，这种超越常规的“组合”现象，正是创造性思维活动的鲜明体现。进一步而言，联想作为一种学习策略，其核心功能在于促进新旧知识之间的融合与贯通，从而强化对学习材料的认知与记忆深度（O’Malley and Chamot，1990）。

联想通过激活并联结多样化的观念与元素，在创造性思维的酝酿与展现过程中起了非常重要的作用。联想为创造性思维提供了素材和灵感，有助于促进创造性的发展。通过联想，个体可以将已有的知识和经验与新的问题或情境相结合，形成新的思考方向和解决方案。联想能够激发个体的灵感，促使他们产生新的想法和创意。当个体在思考某个问题时，可以联想到与之相关的其他事物或概念，从而触发新的思考路径和创意点。联想有助于促进创新，通过联想，个体可以发现不同事物之间的联系和相似性，从而创造出新的组合或解决方案。在教学过程中，教师应该注重培养学生的联想和创造性能力，为他们提供多样化的学习材料和启发性的问题，营造开放包容的学习氛围。

参与联想实践任务可以使学生提高创造性思维能力（Paivio and Desrochers，1980；Sadoski，2006）。联想作为一种心理过程，是创造性思维的重要组成部分，对创造性的产生和发展起着重要作用。联想是指由一个事物或概念引发对另一个与之相关的事物或概念的思维活动。它基于个体已有的知识和经验，在不同的事物或概念之间建立联系。在外语教学过程中，以某一知识点为中心，引导学生对相关知识进行联想链接，有利于开阔学生的视野，激发学生的发散性思维，培养学生的创造性。联想产生的想法可呈现多维度、多层次及多面向的思考模式，能有效打破传统单一思维模式的束缚，对于推动创造性思维的发展具有不可替代的作用。此外，联想在优化记忆结构、丰富想象力以及深化思维能力方面扮演着重要的角色（Paivio，2014；Porter，2016）。学生能够以更加生动和连贯的方式组织语言信息，结合清晰的自我表达，学习并掌握语言的基本模块，从而增强对语言知识点的记忆保持力（Coleman and Klapper，2005）。联想过程根植于想象、深度思考与逻辑分析的综合运用之中（O'Malley and Chamot，1990），它不仅能够激发学生对语言学习的兴趣与热情，还能够通过提升学习效率与增强学习动机，为学生的外语能力全面发展奠定坚实基础。因此，在外语教学实践中，积极融入联想教学策略，对于提高学生的综合语言素质与创新思维能力具有深远意义。

3.2 联想与思维导图

思维导图是一种有效的思维工具，通过巧妙运用线条、符号、文字、色彩和图形等多元视觉要素，以直观且富有洞察力的方式，既宏观概览思维全貌（即“森林”），又微观洞悉细节要点（即“树木”），从而实现了思维过程与成果的具象化呈现，显著促进了学习者的信息整合与思维能力提升（Hyerle，1996）。具体而言，思维导图构建了一个以核心概念为中心，辐射状展开，精细刻画与之相关联的词汇、观念及项目间复杂关系的图表模型（Wycoff，1991）。这一工具不仅强化了记忆保持与学习效率（Budd，2004；San，2013），更在激发创造性思维方面展现出独特优势。

思维导图特有的放射状结构天然倾向于促进远距离联想的生成，这一特性极大地活跃了发散性思维，使学习者能够打破传统思维框架的束缚，勇于探索不同概念与事物间的新颖联系，进而发掘出解决问题的创新路径（Buzan and Buzan，2010）。通过思维导图，学生能够深入探索特定主题的多维度可能性，不断拓宽认知边界，促进知识与想象的深度融合，实现思维的深度与广度的双重飞跃。这一过程不仅是思维发散的外在表现，更是大脑自然创造力与想象力得以释放与展现的生动例证。

创造性与发散性思维之间存在着深刻的内在联系，这种联系体现在个体能够从一个给定的起点出发，广泛且灵活地联想到众多相关或看似不相关的事物与概念，从而预示着较高的创造性潜能（O' Malley and Chamot，1990）。创造性也推动着联想的深化，当个体在创造性活动中取得成功时，他们会更加自信地运用联想来思考问题，从而进一步拓展联想的广度和深度，进而提升个体的创造性能力。基于上述理论基础，将思维导图作为教学策略引入外语课堂，不仅契合了当代教育对高阶思维能力培养的需求，也为发散性思维与联想能力的系统训练提供了有效路径。思维导图作为一种高度可视化的思维工具，其核心功能在于通过图示的方式梳理知识脉络、呈现逻辑关系与促进思维发散。在教学实践中，它能够有效激活学生的思维潜能，促使其在语言学习的过程中，主动构建个性化的意义网络，从而深化理解与表达，拓宽语言的运用空间。创造性思维，从本质上讲，是一个复杂而多维的过程，它要求个体能够综合运用多种思维模式与策略，而由联想机制触发的发散性思维，正是通往这一高阶思维能力的重要桥梁与途径。思维导图在此过程中扮演了“思维训练器”的角色。一方面，它帮助学生在语言输入阶段（如词汇学习、阅读理解）中进行有组织的知识整理与归纳；另一方面，在语言输出阶段（如写作表达）中，又能作为思维触发器，促进素材联结与观点生成。这种视觉化、网络化的思维方式，促使学生在语义层面进行深度加工，在结构层面形成逻辑递进，从而全面提升其思维灵活性、创造性与语言综合运用能力（Farrand，2002）。因此，将思维导图系统性地整合进外语教学之中，不仅有助于提升学生的语言学习效率与参与感，还在潜移默化中促使其养成开放性、探索性与批判性的思维习惯，真正实现语言学习与认知发展之间的深度融合。这一教学模式为外语教育注入了新的创造性维度，也为学生的综合能力提升与未来多元发展奠定了坚实的基础。

3.2.1 词汇联想——基于思维导图

联想与思维导图之间存在着密切的关系，它们相互依存、相互促进。通过充分利用联想和思维导图的优势和特点，我们可以更好地进行思维活动和提高工作效率。词汇是外语学习的最基本要素，如何让学生能够更有效地记忆单词和词组是外语教学中的一个重要组成部分。词汇是语言框架中的有机组成部分，单词与单词之间的关系是紧密的。然而，传统教育模式中的“填鸭式”词汇教学，往往侧重于在限定时间内通过机械重复的方式强化学生对新词汇的记忆，这种方法虽短期内可见成效，却无形中割裂了词汇间的内在联系，难以持久地促进词汇的深层理解与灵活运用。相比之下，采用联想式的记忆策略，超越单纯的词汇表背诵，可以成为一种更为高效的学习途径。联想式记忆策略鼓励学生在语境中理解词汇，通过构建词汇间的联想链条，使词汇学习过程变得生动有趣。这样的学习方式不仅能够增强词汇记忆的牢固性，还能促进学习者对词汇深层含义及用法的掌握，从而在实际语言运用中更加得心应手。

基于思维导图的词汇联想式教学，可以使学生在同一思维过程中记住多个不同的单词，培养良好的发散性思维习惯，提高学习兴趣和语言的综合应用能力。就外语单词的碎片化性质而言，使用思维导图系统地对碎片化的语言和单词进行分类可以帮助提高学生的学习效率和增强学生的语言能力。在学习过程中，我们可以利用联想和思维导图相结合的方式来整理知识点和构建知识体系。通过联想找到各个知识点之间的联系和区别，然后利用思维导图将它们直观地呈现出来。这样不仅可以加深对知识点的理解和记忆，还可以提高学习效率。思维导图遵循发散性思维方式，对单词和表达以及与中心词相关的外围主题词汇进行发散表示。这种以中心词为核心的记忆方法可以重新构造、分类和创建学习者脑海中的知识，使新知识与学习者脑海中的旧知识整合在一起，从而达到提高学习效率的目的。

自由联想有助于激发学生的兴趣，提高发散性思维能力。本书鼓励学生运用自由联想方式，将词汇联想与思维导图相结合，通过选择一个中心词作为起点，围绕该词展开联想，将相关联的词汇、短语或概念以分支的形式添加到思维导图中。联想有助于加深我们对知识点的记忆与理解。在思维导图中，通过联想将各个知识点相互关联起来，可以形成一个有机的整体。这样，当我们回忆起其中一个知识点时，很容易就能联想到其他相关的知识点，从而加深对整个知识体系的理解和记忆。这种活动不仅有助于扩大学生的词汇量，还能锻炼他们的联想能力和发散性思维。在此基础上，本书进一步引入文化联想的维度，旨在拓宽学生的联想视野与跨文化理解能力。在构建词汇思维导图的过程中，学生不仅联想到语言层面的词汇或表达，还可联想到词汇所承载的文化内涵。图3-1为基于思维导图的词汇联想示例。学生从显示的中心词开始，在规定的时间内围绕中心词写出自己立即想到的单词。例如，当中心词为“fish”时，有的学生联想到“sea”，接着会继续联想到“swimming”“seagull”等。有的学生则可能由“fish”联想到与日本文化相关的“sushi”，还会一直扩展到“Japan”乃至于“Japanese cuisine”与“food etiquette”等文化概念。这种文化联想不仅激发学生的好奇心与探索欲，也促使其将词汇学习与跨文化认知相结合，从而提高语言学习的综合性与深度。

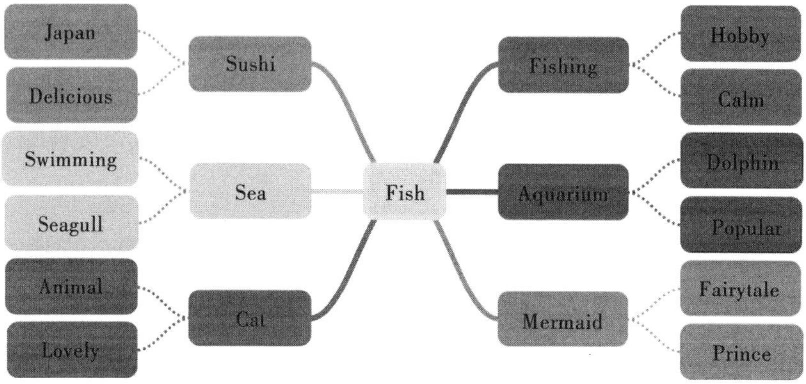

图 3-1　基于思维导图的词汇联想示例

3.2.2　阅读联想——基于思维导图

在外语学习的五项核心技能——听、说、读、写、译之中，阅读作为衡量学习者综合语言能力的关键指标，其成效深受个体学习动机与想象力的影响。动机作为驱动阅读过程的内在力量，对于促进信息吸收与理解至关重要，而面对冗长复杂的阅读材料，传统教学方式往往难以有效激发学生的内在动机与联想潜能，进而制约了阅读效能的提升。思维导图有助于我们优化思维结构，使思维更加清晰和有条理。通过联想和思维导图相结合的方式，我们可以将复杂的问题分解成若干个简单的子问题，并逐一解决。这样不仅可以降低解决问题的难度，还可以提高解决问题的效率。因此，在阅读教学的语境下，探索并实践能够激发学生学习动机与想象力的教学策略显得尤为迫切。

思维导图在促进信息回忆、深化文本理解方面展现出显著优势。通过构建可视化的图形框架，思维导图巧妙地提炼阅读材料的核心线索，引导学生在阅读过程中充分发挥联想力，这一创造性的参与过程不仅激发了学生的阅读动机，还促进了深度思维与批判性思考的发展。思维导图是一种可视化的思维工具，通过图形、线条和颜色等方式将思维过程直观地呈现出来。这种可视化方式有助于我们更好地进行联想和记忆。当我们看到思维导图中的各个分支和子分支时，很容易就能联想到它们之间的关系。相较于传统阅读模式中学生对长句解析的过度关注，思维导图强调以关键词为核心，辅以色彩编码与层级结构，从而突显文章主旨，简化信息层次，帮助学生剥离冗余信息，实现对文本内容的清晰把握与高效记忆。此外，思维导图所依托的图形化表达方式，凭借其强烈的视觉冲击力与直观性，显著增强了文本信息的可理解性与记忆持久性。学生得以根据个人学习风格与文本特性，灵活运用多样化的图形、色彩与图像元素，绘制出独具个性的思维导图。这一过程不仅促进了发散性思维与创造性思维的发展，还鼓励学生从多角度、多层次对阅读材料进行深入剖析与反思，最终达成对文本内容的全面而深刻的理解。

本书鼓励学生运用逻辑联想方式，将阅读联想与思维导图相结合，帮助可视化他们的思维过程，激发他们对阅读的兴趣，使其能够更好地记忆和理解内容，并仔细思考问题。在阅读过程中，引导学生绘制思维导图进行主动思考，他们可以选取文章中的关键信息、主题或情节作为节点，通过联想将相关内容串联起来，形成对文章内容的深入理解和个性化解读。这种活动能够提升学生的阅读理解能力和创造性解读能力。首先，学生浏览并找到两个问题的答案，并将它们添加到思维导图的第一级主干中。问题是：这篇文章的中心思想是什么？它可以分成多少部分？每一部分的主要内容是什么？其次，学生们找到文章中每一段的关键词和关键句子，并将它们添加到现有的思维导图中。在此基础上，学生可以开始将这些段落内容翻译成目标语言，注重语言间的准确转换和流畅表达。最后，在规定时间内自由地联想和添加更详细的信息到思维导图中。例如，他们可以从每个段落中选出好的单词和句子，特别是必要的连接词和过渡词，这会增加学生的词汇量和提高句子表达能力。然后，学生可以尝试将这些词汇和句子进行翻译，并与同学分享和讨论翻译的结果，以进一步提升他们的翻译能力和语言表达能力。图3-2是一个基于思维导图的阅读联想示例。思维导图的绘制有助于学生从不同的角度去打开阅读思路，建立新的知识结构，能激发学生进一步的阅读兴趣。

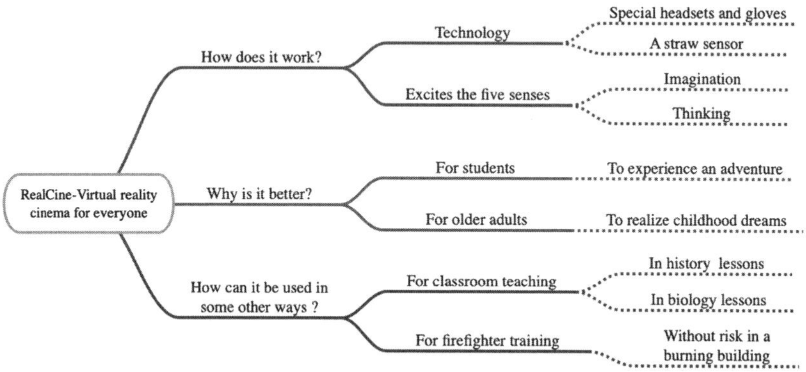

图3-2　基于思维导图的阅读联想示例

3.2.3　写作联想——基于思维导图

外语写作作为语言运用的高级形式，不仅要求语言表达的准确性、规范性与信息传达的有效性，还强调文章结构的逻辑性，以确保内容条理清晰、层次分明。构思作为写作流程中的关键环节，其深度与广度直接影响到文稿的丰富性与质量。在此过程中，思维导图通过关键词来代表大量信息，这种关键词记忆法有助于减轻记忆负担，提高记忆效率。同时，由于关键词之间的关联性，人们可以更容易地回忆起相关信息。通过思维导图对信息进行分类、分层和系统化整理，人们可以更加清晰地理解各个信息点之间的关系和联系，从而深化对问题的理解。合理利用联想与发散性思维策略，能够显著拓展思维空间，丰富文本内涵。

利用思维导图来构思写作的过程，是围绕一个中心将大脑中产生的思想以网状图形记录下来的思维模式。特别是自由写作时，学生围绕主题，并根据自己的现有知识将所有意念、想法，以及一些创作内容全部都写下来，并以思维导图的形式将所有内容都表现出来，最后再进行编辑调整，勾勒出文章的结构和主要内容。基于思维导图的联想模式在促进思维发散与整合、提高联想灵活性与深度、增强记忆与理解、促进个性化与创造性以及广泛应用领域等方面都具有显著的好处。思维导图鼓励我们进行自由联想和创造性思维。在绘制思维导图的过程中，我们需要不断地思考如何将各个知识点相互关联起来，并寻找新的分支和子分支。这种思考过程有助于激发我们的创造性思维，产生新的想法和创意。采用思维导图辅助写作构思的方法，不仅能够有效激发学生的发散性思维，提升其写作过程中的主动性与创造性，还能帮助学生在后续编辑调整阶段更加清晰地勾勒出文章框架，确保内容既丰富多元又逻辑严谨，对于提升学生的写作技能、优化文章结构、增强文本表现力具有显著促进作用。

本书鼓励学生运用强制联想方式，将写作联想与思维导图相结合，使本不相关的问题和想法联系起来，扩展联想能力，写出创造性的外语文章。在写作前，鼓励学生利用思维导图进行构思。他们可以从作文题目或主题出发，通过联想将相关素材、观点或情节串联成一篇文章的框架。在写作过程中，学生可以随时回到思维导图上进行补充或调整，以确保文章的连贯性和创新性。思维导图的核心在于通过中心主题向外发散，形成各个分支和子分支。联想正是这一过程中不可或缺的工具。我们在确定了一个中心主题后，通过联想可以迅速找到与之相关的各个分支点，从而构建起一个完整的思维框架。这种活动能够激发学生的写作兴趣，提高写作效率和质量，并促进他们创造性思维能力的发展。图3-3是一个基于思维导图的写作联想示例。首先，学生将与每张图片相关的关键词关联起来："learning to drive" "doing sports" "visiting places of interests" "reading books"。然后，他们将这些关键词与一个共同的话题联系起来："summer vacation plans"。学生以"summer vacation plans"为写作主题，通过绘制简单的思维导图进行发散性思维，形成了清晰的写作框架。

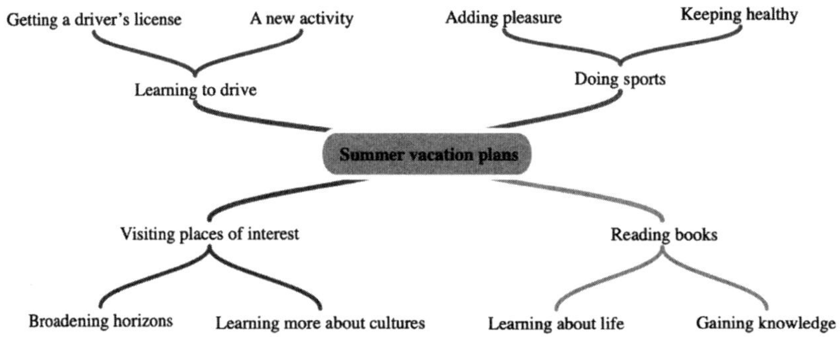

（a）联想关键词形成主题

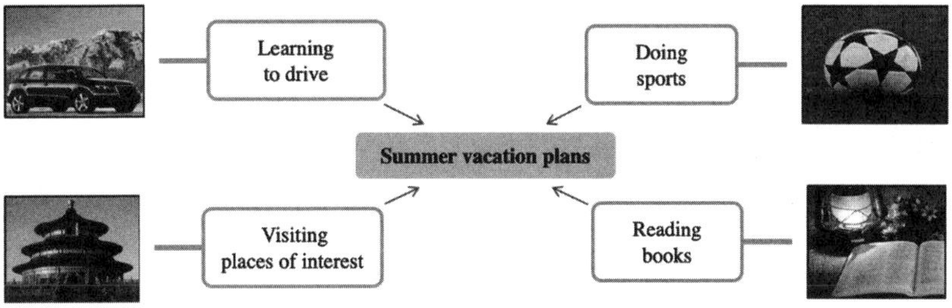

（b）绘制思维导图

图3-3　基于思维导图的写作联想示例

3.3　本章小结

本章提出了一种创新的外语教学模式，通过引入将联想活动与思维导图深度融合的教学策略，构建出了一种新颖的联想式外语教学模式。思维导图作为一种有效的视觉化思维工具，采用中心主题向外辐射的分支结构，鼓励学生从多个角度和维度对中心主题进行联想，从而极大地促进了思维的发散性。思维的发散性不仅帮助学生全面、系统地探索问题，还能够发现更多的可能性和解决方案，这对于外语学习中的创新思维尤其重要。在思维导图的联想模式中，主要包括自由联想、逻辑联想和强制联想三种方式。自由联想为学生提供了广阔的创造空间，允许他们在没有约束的情况下自由发挥，激发创造力和想象力；逻辑联想则要求学生在一定的框架内进行推理，基于特征类别或因果关系来构建联想，这有助于深化思考，提高联想的准确性；而强制联想则更具挑战性，旨在激发学生产生那些原本难以预见、超越常规逻辑框架的新颖、奇异乃至颠覆性的设想。这一系列联想方式的引入，能够有效拓展学生的思维边界，推动他们从传统的思维模式中跳脱出来，尝试新的解决思路。

如图3-4所示，该模式系统地集成了词汇联想、阅读联想和写作联想三大核心模块。在每个模块中，教师都巧妙地运用了自由联想、逻辑联想和强制联想等多种联想策略，旨在将联想机制全面渗透于外语课堂教学的各个环节之中。联想的发散性特质能够从一个点出发，联想到多个与之相关或相似的事物，这种思维扩展不仅有助于语言学习的深化，还能够激发学生在学习过程中更加广泛的联想和思考。通过思维导图，学生可以不断拓展思维的分支，打开更广阔的思维空间，使他们的思维更加全面、灵活和富有创意。此举不仅旨在多维度地激发学生的创造性思维能力，还能够有效促进语言技能的深度发展。通过这种思维训练，学生的语言能力将不再仅仅停留在语法和词汇的层面，而是在综合语言应用、跨文化沟通等方面得到提升。同时，思维导图的结构化形式有助于理清知识体系，帮助学生将大量信息整理成一个有序、清晰的系统，便于理解和记忆，进一步提高他们的学习效率。此外，联想式外语教学模式还能够有效提升学生的内在学习动机。通过自由而富有挑战性的联想活动，学生的学习兴趣和主动性得到了极大的激发，从而为学生创造性潜能的全面开发奠定了坚实的基础。在后续章节中，我们将深入剖析联想式外语教学模式在具体课堂情境中的实践应用，并系统评估其对学生学习成效的积极影响。我们期望通过对这一教学模式的探索与实施，为外语教学的创新实践提供理论支持与实践指导，推动外语教学向更加开放、互动和创新的方向发展。

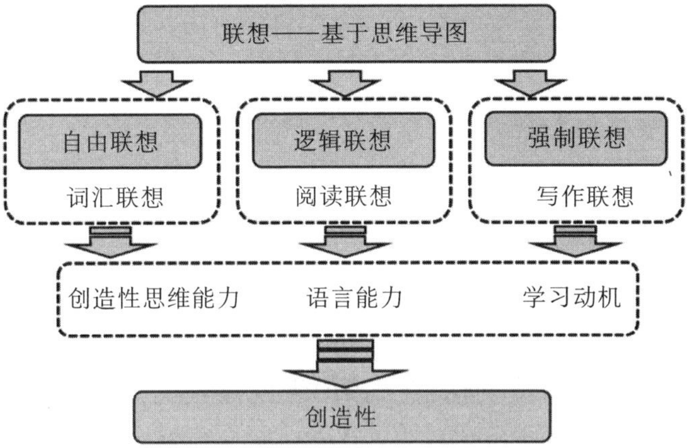

图 3-4　联想式外语教学模式

4

联想式外语教学

本章提出联想式外语教学实践及其应用效果，表4-1为实践课堂教学的基本框架。参与者为中国大连市某大学日语专业二年级的53名学生，这些学生的日语水平相当。他们分为实验组（27名学生，34%为男性）和对照组（26名学生，33%为男性）。两组学生都接受了为期8周的实践课程，由他们的现任日语教师授课，并使用相同的教材。学生共上了24节日语课程，学习了词汇、阅读和写作，每周3次，每次90分钟。与实验组进行联想式外语教学不同，对照组按照传统方式上常规课程，课堂主要以教师为中心，学生按照传统方式学习。为了阐明联想式外语教学对学生创造性的影响，我们首先采用了传统的测试方法，包括前测和后测的重复测量设计，通过创造性思维测试、外语能力测试和学习动机问卷3种评估方式对所有学生的创造性进行测试。

表4-1　**两小组学生的实践课堂框架**

项目	实验组	对照组	备注
参与者	27名学生 34%为男性	26名学生 33%为男性	53名学生 日语水平相当
授课教师	日语教师	日语教师	现任日语教师
前测	（1）创造性思维测试 1 （2）外语能力测试 1 （3）学习动机问卷 1		由经验丰富的日语教师和高级心理学专家评分
实践课堂（八周）	联想式外语教学	传统式外语教学	共24节日语课程 每周3次，每次90分钟
后测	（1）创造性思维测试 2 （2）外语能力测试 2 （3）学习动机问卷 2		由经验丰富的日语教师和高级心理学专家评分

4.1　联想式外语教学实践

4.1.1　词汇联想教学实践

基于思维导图的词汇联想，让学生围绕某些中心词语或主题展开联想，主要通过主题关联的形式进行练习。学生们会从某一单词出发，联想与之相关的不同单词、短语或句子，并绘制出相应的思维导图。学生们绘制的不同思维导图，可以展现他们在面对相同问题时所表现出的不同发散性思维模式。教师可以通过这些导图了解学生的思维能力和知识水平，同时，学生们之间也可以学习彼此提供的不同的知识。图4-1展示了学生们在学习“挫折”这一单词时绘制的思维导图。利用思维导图，可以帮助学生复习并巩固各种单词。虽然有些词汇是学生已经熟悉的，但更多的是通过知识共享，帮助学生及时学习新的词汇。因此，在课堂上进行思维导图绘制活动时，学生通过联想的方式找出相关的单词、词组或表达，不仅能够巩固之前所学的知识，而且能激活学生的思维，学习新的词汇，从而更全面、深入地记忆并掌握语言知识。

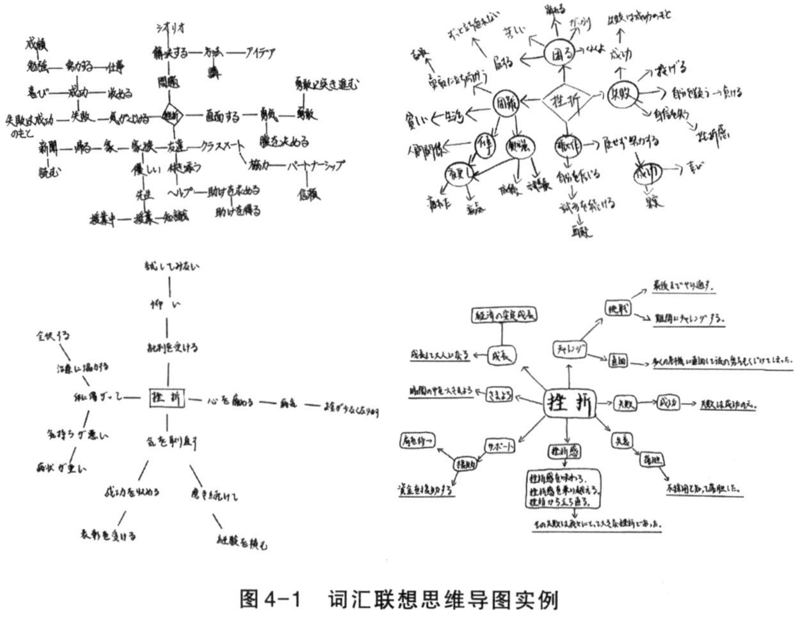

图4-1　词汇联想思维导图实例

4.1.2 阅读联想教学实践

思维导图有助于将文章内容分解为句子和单词，使其更易于理解和掌握。在日常的联想阅读活动中，学生从阅读材料中提取关键词和重点句子，并以分层式或树枝状结构的形式，表达文章的主旨思想以及每一段的核心内容和关键信息。运用思维导图进行联想阅读包括以下几个步骤：（1）给予学生几分钟时间进行快速阅读，以把握文章大意；（2）引导学生再次阅读文章，并根据中心思想绘制该文的思维导图；（3）学生展示形式各异的思维导图，教师可引导学生根据自己的图示复述文章内容，从而实现更深入的语言学习与应用。图 4-2 展示了学生围绕同一篇文章绘制出的不同风格的思维导图。这些导图不仅准确提炼出文章重点，而且在各个分支中结合了图形、颜色、线条粗细和字体变化等元素，展现了学生各自独特的理解和表达方式，体现出学生的创造力和个性化思维。通过在学生脑海中构建清晰的文章结构框架，思维导图能够有效激活他们的阅读和思考能力。学生可以围绕文章主题展开发散性思维，并在图示中不断添加信息，从而清晰呈现出文章的构成与各部分的细节内容。借助思维导图，学生不仅能更好地把握文章的整体结构和逻辑关系，而且能加深自身对文章内容的理解，从而提高信息提取和整合的能力，实现高效、系统的阅读学习。与此同时，通过将每个分支中的关键词、句子和段落翻译成目标语言，学生可以锻炼自己在结构性理解和语言转换方面的能力。学生可以尝试将图示中的信息按原文顺序逐步进行翻译，并在此过程中调整语言表达，使其更符合目标语言的语法和文化习惯。这种翻译活动不仅有助于提升学生的词汇积累和语法结构掌握，而且能加深他们对原文意图和结构的理解。

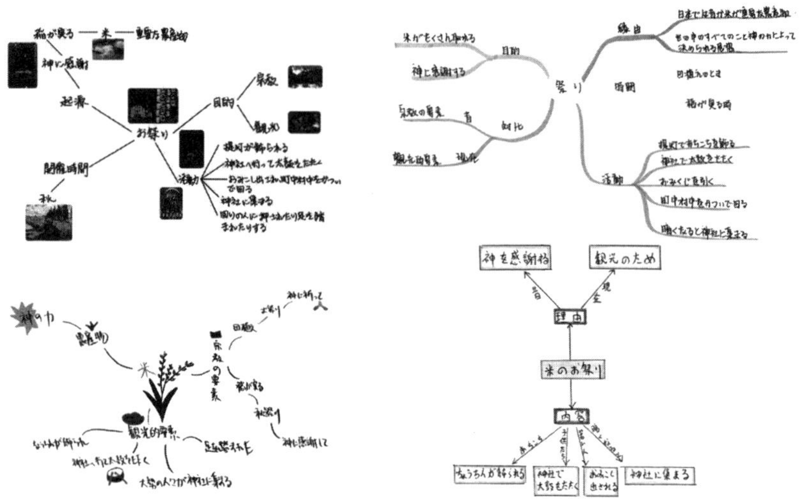

图 4-2　阅读联想思维导图实例

4.1.3　写作联想教学实践

运用思维导图进行写作联想通常包括以下几个步骤：（1）教师提供一张图片，引导学生思考约2分钟，围绕图片自由想象，记录下关键词，并尝试将这些关键词进行联想，从而形成一个共同的话题；（2）学生绘制思维导图，将与文章主题相关的要点进行整理并分类；（3）学生依据所绘制的思维导图开始动笔写作。通过积极思考和发散性联想，学生所绘制的思维导图能够帮助他们理清写作思路，使文章的结构框架更加清晰，同时增强写作过程中的条理性与逻辑性，从而为文章的撰写奠定坚实的基础。图4-3展示了学生们通过绘制思维导图后完成的写作成果。在绘图的过程中，学生不仅能够更好地回忆和掌握与主题相关的词汇与表达句式，而且能在写作过程中有效调动已有知识，整合新思路。思维导图鼓励学生在写作过程中发挥联想力，使原本较为抽象的写作过程转变为一个充满趣味和创造性的学习活动。

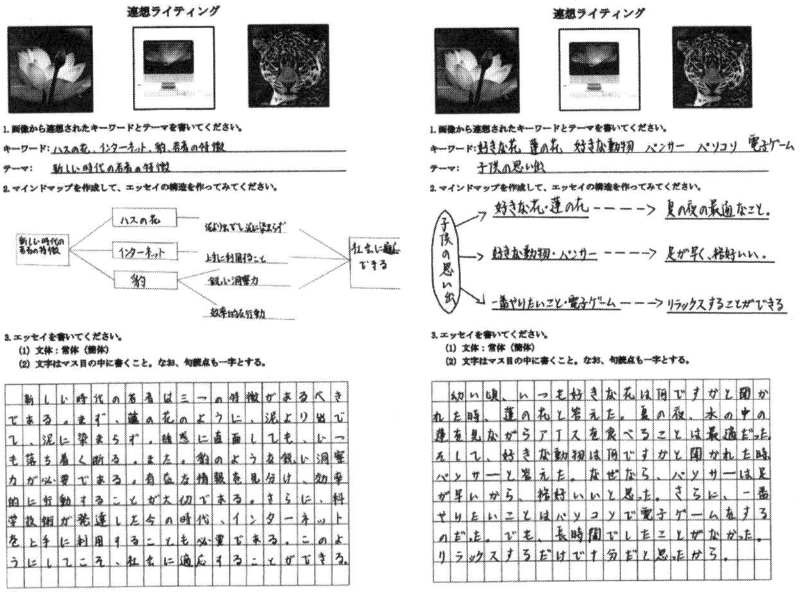

图 4-3　写作联想思维导图实例

4.2　联想式外语教学的效果评估

联想有助于加深对新知识的印象，使记忆更加牢固。通过联想，学生可以将新知识与已知信息结合，从而形成更完整的记忆网络。联想式外语教学通过引导学生将新知识与已有知识建立联系，使学习过程更加生动有趣，从而激发学生的学习兴趣。为了科学验证联想式外语教学对学生创造力的影响，我们采用了多维度的测评体系，包括创造性思维测试、语言能力测试和学习动机问卷调查，分别评估学生的创造性思维能力、外语语言能力及学习动机。实验设计采用前测—后测的方式，并通过方差分析法（ANOVA）进行数据处理。具体而言，以学生的后测分数作为因变量，前测分数作为协变量，小组成员作为固定因素，以此分析两组学生在创造性能力上的统计学差异。本书使用SPSS统计软件对数据进行分析，以确保研究结论的科学性和可靠性。实验结果表明，接受联想式外语教学的实验组学生在创造性思维测试、外语水平测试和学习动机方面的得分均显著高于对照组。数据分析显示，联想式外语教学能够有效提升学生的创造性思维能力，同时促进外语学习成效和学习积极性。这一发现进一步证明了联想策略在外语教学中的重要作用，尤其是在培养学生创造力和自主学习能力方面，具有积极意义。因此，在外语教学实践中，适当引入联想策略，不仅能够帮助学生更高效地掌握语言知识，而且能提高他们的创新能力，从而为未来的深度学习奠定基础。

4.2.1 创造性思维能力的提升分析

发散性思维是创造性思维的主要特征，非常规用途测试（Alternative Uses Test，AUT）是测量发散性思维的常用方法。其流程是给受试者展示一个物品，让受试者在规定时间能尽可能多地想起并报告出物品的非常规用途或特征（Guilford，1986）。本书应用AUT测试学生的创造性思维，创造性思维测试前测的题目是“空啤酒瓶的用途”，创造性思维测试后测的题目是“雨伞的用途（不下雨时的使用）”，要求学生们要在5分钟的时间内尽可能详尽地阐述他们的想法。所有的答题纸都是用日语书写，并由经验丰富的日语老师和高级心理学专家打分。

发散性思维强调流畅性、灵活性和独创性（Guilford，1986；Kim，2006），流畅性代表个体思维的敏捷程度，即在短时间内产生大量相关想法的能力。思维流畅的人能够迅速联想，并提出多个合理的解决方案。流畅性强的个体通常在解决问题时表现出较高的思维活跃度，并能迅速适应新环境和新任务。在本书的研究中，流畅性被定义为与主题相符的答案总和，即个体在特定任务中能够生成的有效想法数量。灵活性反映了个体思维的变通能力，即在不同角度、不同类别之间切换思维模式的能力。具有高灵活性的人能够跳脱单一思维框架，迅速调整认知方式，从而找到不同类型的解决方案。在本书中，灵活性被定义为通过比较答案获得的不同类别的总和，即个体能否在思考过程中涵盖广泛的视角，而非局限于单一方向。独创性是创造性思维的核心特征之一，是指个体能够生成独特、少见的想法或解决方案的能力。高独创性的人往往具备突破常规的思维方式，能够跳脱已有模式，提出新颖且前所未有的概念。在本书中，独创性被定义为提出罕见、不寻常想法的能力，即在整个群体中出现频率极低的想法总和。

本书对两组学生的创造性思维能力进行了统计比较（如图4-4所示），并在此基础上进行了ANOVA检验（见表4-2）。结果表明，与前测相比，实验组学生的后测平均得分比对照组的提高更多，三个因素的提升效果均统计显著。联想式外语教学效果在流畅性尤为显著，且效应值较大：F（1，51）=35.26，$p < 0.001$，$\eta_P^2 = 0.502$；灵活性的效应值居中：F（1，51）=19.73，$p < 0.001$，$\eta_P^2 = 0.083$；独创性的效应值居中：F（1，51）=12.56，$p < 0.01$，$\eta_P^2 = 0.065$。

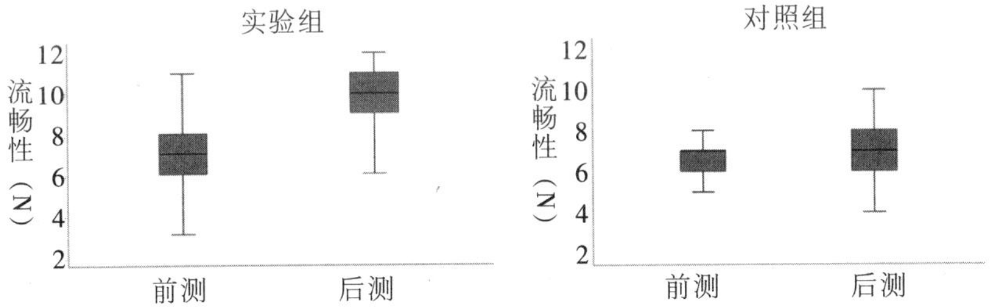

（a）流畅性

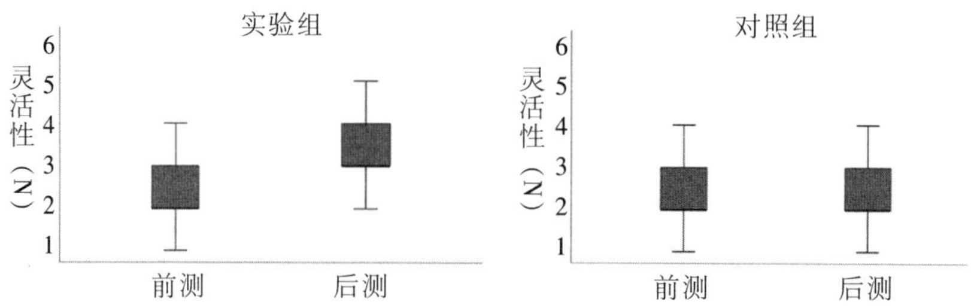

（b）灵活性

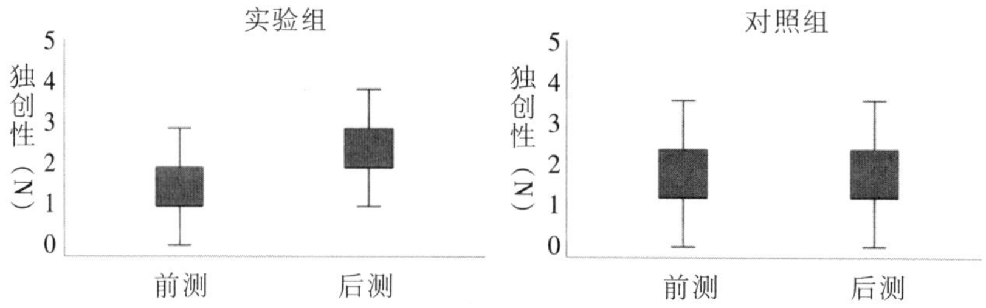

（c）独创性

图4-4　创造性思维能力的统计比较

表4-2　**创造性思维能力的ANOVA检验**

指标	小组	前测		后测		*df*	*F*	*p*	η_p^2
		M	SD	M	SD				
流畅性	实验组	6.97	1.56	9.66	1.55	1	35.26***	0.000	0.502
	对照组	6.89	1.27	7.13	1.24				
灵活性	实验组	2.50	0.96	3.33	0.88	1	19.73***	0.000	0.083
	对照组	2.25	0.73	2.41	0.69				
独创性	实验组	1.29	0.82	2.37	0.79	1	12.56**	0.001	0.065
	对照组	1.25	0.69	1.45	0.61				

（注：M-Mean；SD-Standard Deviation；*p<0.05；**p<0.01；***p<0.001）

图4-5显示了一名实验组学生在AUT测试上的回答示例。在前测中，关于“空啤酒瓶的用途”其写出的想法是：“储存水”、“养鱼”、

“出售”、“用作烟灰缸”、“放眼镜”和“用作书架”。其中，想法的数量（流畅性）为7，想法的种类（灵活性）为2（类别：“容器”和“回收”），想法的不寻常（独创性）为1（“用作书架”）。在后测中，关于“不下雨时雨伞的用途”，其写出的想法是：“遮挡他人”，“遮挡紫外线”，“用作拐杖”，“在下雪时使用”，“旋转起风”，“用作武器”，“用作拍照时的工具”，“用作跳舞时的道具”，“倒着装水”，以及“教师教鞭”。其中，想法的数量（流畅性）为10，想法的种类（灵活性）为3（类别：“健康设备”、“游戏设备”和“武器”），想法的不寻常（独创性）为2（“倒放装水”和“教师教鞭”）。在后测中，该学生写的不同类别的想法比前测多，并且想法的独创性也随之增加。

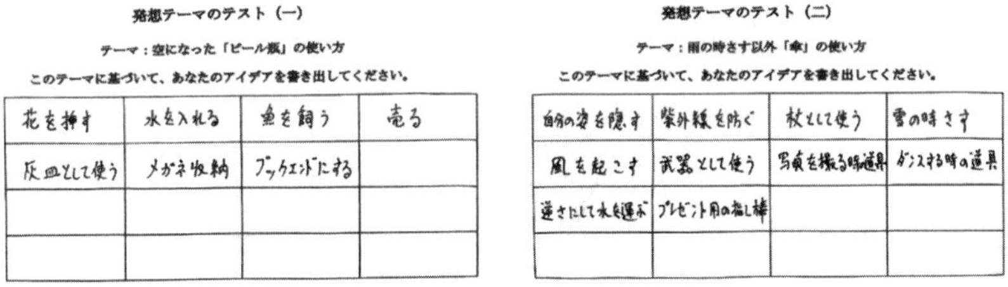

発想テーマのテスト（一）

テーマ：空になった「ビール瓶」の使い方

このテーマに基づいて、あなたのアイデアを書き出してください。

花を挿す	水を入れる	魚を飼う	売る
灰皿として使う	メガネ収納	ブックエンドにする	

発想テーマのテスト（二）

テーマ：雨の時さす以外「傘」の使い方

このテーマに基づいて、あなたのアイデアを書き出してください。

自分の姿を隠す	紫外線を防ぐ	杖として使う	雪の時さす
風を起こす	武器として使う	写真を撮る時道具	ダンスする時の道具
逆さにして水を運ぶ	プレゼント用の指し棒		

（a）创造性思维测试前测　　（b）创造性思维测试后测

图4-5　实验组学生对创造性思维测试的回答实例

传统外语教学一直以来注重“双基”，即注重“语言基础知识”和“听说读写译基本技能”的训练，往往局限于外语知识、外语基本技能的传输，而忽略外语学习者思维素质和能力的培养，使学生易患“思辨缺席症”。联想式外语教学可以广泛应用于英语课堂的各个环节中。教师可以通过给出关键词或某一主题，激发学生对相关词汇的联想和提取。也可以在课堂上组织学生进行联想游戏或竞赛等活动，以激发学生的学习兴趣和积极性。教师应根据学生的不同水平和特点灵活运用联想式教学方法，打破传统的常规课堂教学模式是激发学生创造性的关键。本书提出了在课堂上运用思维导图进行联想活动的创造性教学法，使学生在运用外语的同时充分展示自己的想法，使他们有广阔的创造性思维发挥空间。

通过开展联想式教学，实验组学生的创造性思维后测得分明显高于创造性思维前测得分，且与对照组相比有显著的组间差异，尤其是流畅性的效应值很大。结果表明，联想式教学可以提高学生的创造性思维能力，这与Lin（2011）、Siraj-Blatchford等（2002）以及Ulger（2016）的研究结果一致。他们指出，接受过创造性培训的参与者，在创造性方面，特别是在创造性思维能力方面会得到显著的提高。联想在发散性思维中起着重要的作用，联想式教学经常提供机会来提高学生的创造性思维能力。接受过联想式教学的学生更有可能创造性地进行思考，产生流畅、灵活和独创的想法。研究结果也证实了联想式教学在提高大学外语学习者创造性思维能力方面的有效性。发散性思维是一种从不同视角分析和解决问题的方法，思维导图是一种表达发散性思维的图形技术，是一种可视化的思维结构图，可以为学生提供一个多角度思考问题的平台。在本书中，基于思维导图的词汇联想、阅读联想，以及写作联想为学生创造了自由的学习氛围和自主学习的机会，引导学生多角度思考问题，从而拓展了思维视角，使学生以已知的信息为思维起点，在已掌握的知识和经验的基础上，运用联想进行推测和想象，从不同的角度和不同的方向进行思考，从而促进了发散性思维能力的提升。

4.2.2 语言能力发展的表现

我们采用外语词汇、阅读理解和写作能力测试来衡量学生的外语能力。首先，词汇部分（占总分的30%），学生要在10分钟内从4个单词或短语选项中选择最佳答案来完成句子。其次，阅读理解部分（占总分的40%），学生阅读5篇日语文章，并在50分钟内完成测试。

每篇文章大约有500个单词，后面有两个阅读理解选择题。此外，学生们还必须写下每篇文章的关键词和主要句子。最后，写作部分（占总分的30%），要求学生根据给出的图片确定作文的标题，并在30分钟内写出一篇200字左右的作文。文章要求语言流畅、用词恰当、结构合理、风格恰当、有说服力。日语能力前测和后测的难度水平相似，但内容完全不同。

统计比较（如图4-6所示）和ANOVA检验（见表4-3）结果显示，两小组的后测平均得分均较高，但实验组的平均得分高于对照组，且差异有统计显著性，效应值均为中等：词汇方面，F（1，51）= 22.07，$p < 0.001$，$\eta_P^2 = 0.092$；阅读理解方面，F（1，51）= 3.05，$p < 0.01$，$\eta_P^2 = 0.069$；写作方面，F（1，51）= 2.71，$p < 0.05$，$\eta_P^2 = 0.077$；总分方面，F（1，51）= 7.59，$p < 0.01$，$\eta_P^2 = 0.087$。

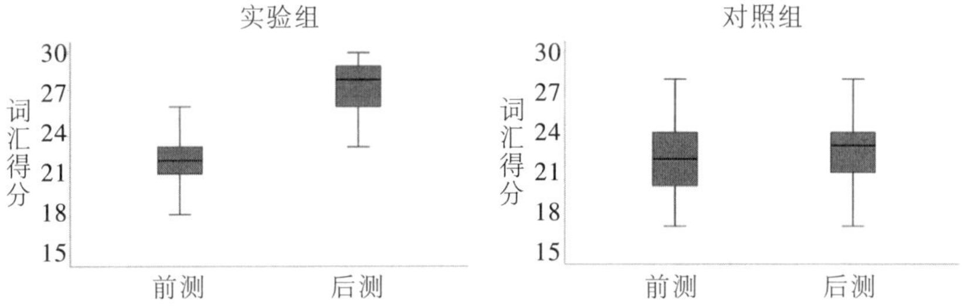

（a）词汇

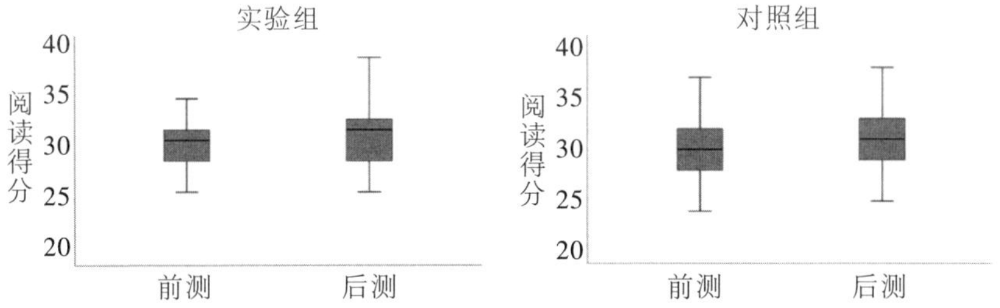

（b）阅读理解

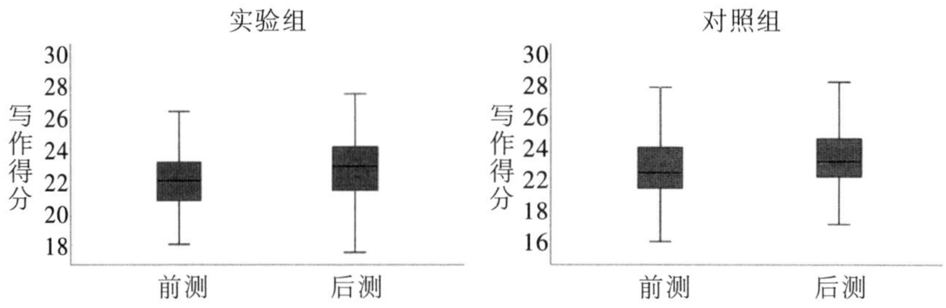

（c）写作

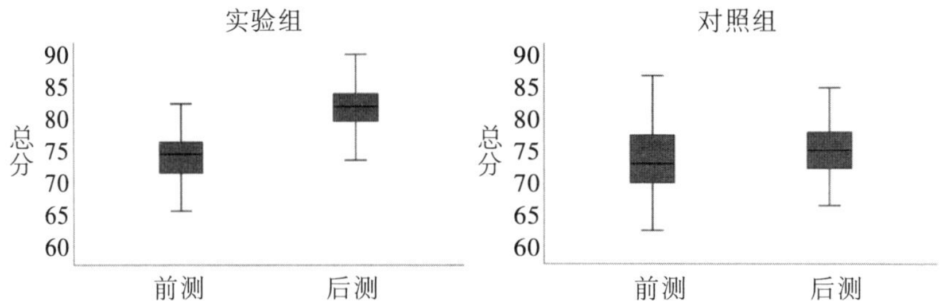

（d）总分

图4-6　外语能力的统计比较

表4-3　　　　　　　　　　**外语能力的ANOVA检验**

项目	小组	前测		后测		*df*	*F*	*p*	η_P^2
		M	SD	M	SD				
词汇得分	实验组	21.60	1.89	23.60	1.88	1	22.07^{***}	0.000	0.092
	对照组	22.05	2.57	22.64	2.44				
阅读理解得分	实验组	30.62	2.15	33.31	2.54	1	3.05^{**}	0.005	0.069
	对照组	30.51	3.02	31.22	2.72				
写作得分	实验组	22.23	1.95	24.93	2.11	1	2.71^{*}	0.020	0.077
	对照组	21.48	2.67	22.03	2.18				
总分	实验组	74.62	3.69	82.00	3.39	1	7.59^{**}	0.003	0.087
	对照组	74.08	3.97	75.85	4.16				

（注：M-Mean；SD-Standard Deviation；$^{*}p<0.05$；$^{**}p<0.01$；$^{***}p<0.001$）

实验组学生各个部分的成绩均显著提升，表明联想式教学能够有效促进学生的外语能力发展。这一结果与Fisher（2004）提出的观点一致，即创造性的培养有助于提升学生的学习成绩和学习动机。与死记硬背或重复单调的学习方式相比，经过精心设计的学习过程更能激发学生对外语知识的学习热情，从而提升其语言运用能力。本书提出的联想式教学是一种旨在促进学生创造性使用外语的创新教学模式。借助以思维导图为基础的日常联想活动，教师可引导学生围绕某一中心主题获取相关信息，自由联想相关知识，从而实现对内容的系统性理解与知识面的拓展。该过程不仅有助于学生牢固掌握所学知识，而且能帮助他们建立新旧知识之间的联系，从而增强语言的综合应用能力。

研究结果显示，联想式外语教学是一种具有显著优势的教学方法。通过引导学生将新知识与已有知识建立关联，它能有效激发学生的学习兴趣和积极性，提高记忆效率与语言运用能力，并在此过程中培养学生的逻辑思维和创新思维能力。在构建知识结构的过程中，学生借助思维导图能够快速理清知识脉络，实现无序知识的可视化。作为一种视觉化的思维框架，思维导图不仅加深了学生对知识的理解，而且提高了他们生成新观点、新思路的能力。基于思维导图的联想活动鼓励学生以多种形式进行学习，避免了机械记忆，有助于营造一个富有趣味性、以学生为中心的学习环境，从而有效激发学生的学习积极性。因此，学生在外语学习过程中可以实现从“被动接受知识”向“主动探索知识”的转变。当学生对联想活动产生兴趣时，其往往更愿意自主完成学习任务，不仅增强了学习的主动性，而且对记忆和思维发展起到了积极的推动作用。由此可见，以思维导图为基础的联想式教学模式，在提升学生外语能力方面具有显著的促进作用。

4.2.3 学习动机变化的探讨

本书采用学习动机问卷调查来评估联想式教学是否能够激发学生的学习动机。根据Dörnyei（2001）的研究，学习动机主要包括以下三种类型：选择性学习动机（Selective Motivation）：指学生在课堂中更倾向于学习那些能够营造有趣氛围的内容；执行性学习动机（Executive Motivation）：指学生在学习过程中需要体验到兴奋和愉悦，以保持学习的持续性；拓展性学习动机（Expansive Motivation）：指学生在学习过程中希望获得满足感和成就感，以增强持续学习的动力。本书设计的学习动机问卷包含上述三种学习动机，每种动机类型包含六个子项目。例如，选择性学习动机包括“在自由、有趣的课堂氛围中学习”；执行性学习动机涉及“加深理解并获得新知识”；拓展性学习动机则涵盖“学习带来成就感”等内容。问卷的评价选项包括：“非常同意、同意、不一定、不同意、非常不同意”，其对应的分值分别为5分、4分、3分、2分、1分。此外，为了进一步了解学生的真实想法，问卷最后设置了一个自由描述部分，学生可以在此详细表达自己的观点，例如：“基于思维导图的联想式教学方法如何？请谈谈您的想法。”

统计比较（如图4-7所示）和ANOVA检验（见表4-4）结果显示，在两种后测中，实验组的平均得分均高于对照组。选择性学习动机和执行性学习动机的效应值均为中等，选择性学习动机：$F(1, 51) = 9.81$，$p < 0.01$，$\eta_p^2 = 0.061$；执行性学习动机：$F(1, 51) = 8.16$，$p < 0.01$，$\eta_p^2 = 0.082$；拓展性学习动机的变化并不显著，效应值较小：$F(1, 51) = 3.62$，$p > 0.05$，$\eta_p^2 = 0.012$。

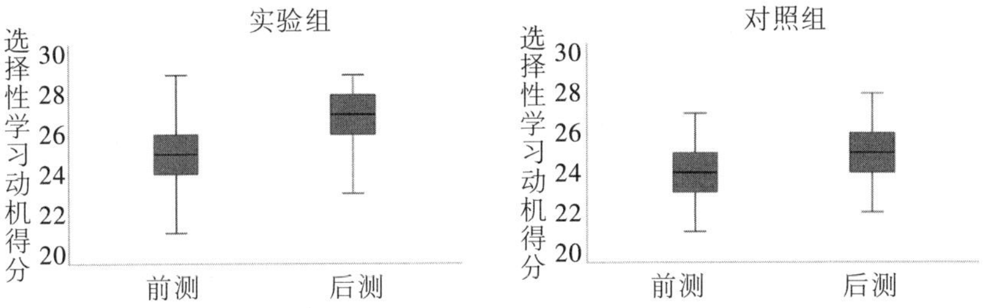

（a）选择性学习动机

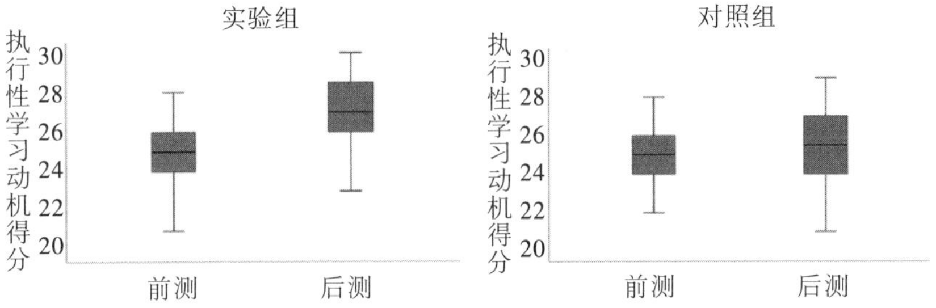

（b）执行性学习动机

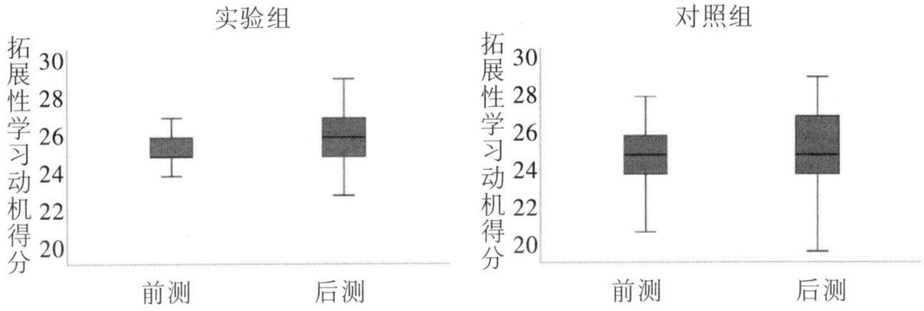

（c）拓展性学习动机

图4-7 学习动机的统计比较

表4-4 **学习动机的ANOVA检验**

项目	小组	前测		后测		*df*	*F*	*p*	η_p^2
		M	SD	M	SD				
选择性学习动机	实验组	24.91	1.87	26.67	1.50	1	9.81	0.003^{**}	0.061
	对照组	24.22	1.37	24.92	1.38				

续表

项目	小组	前测		后测		df	F	p	η_P^2
		M	SD	M	SD				
执行性学习动机	实验组	25.13	1.58	26.95	2.00	1	8.16	0.007**	0.082
	对照组	25.16	1.37	25.38	1.73				
拓展性学习动机	实验组	25.15	1.25	26.25	1.59	1	3.62	0.102	0.012
	对照组	24.90	1.45	25.32	1.91				

（注：M–Mean；SD–Standard Deviation；$^{*}p<0.05$；$^{**}p<0.01$；$^{***}p<0.001$）

以下为问卷调查中的自由描述部分，学生的评论反映了他们对联想式教学的积极态度。首先，联想式教学有助于学生更有效地表达想法。学生们表示："这堂课与以往的课程不同，不是依靠死记硬背，而是通过思考来记忆知识"，"我明显感觉到，联想活动可以帮助我产生更多创意"等。其次，学生发现思维导图是一种高效的学习工具。例如，他们指出："在词汇联想活动中，我能够联想到许多相关的单词和句子，从而从多个角度学习词汇"，"在联想写作活动中，思维导图帮助我理清思路，将主要观点与支撑论据有效关联"，"即使文章篇幅较长，信息量大或结构复杂，思维导图依然能够帮助我梳理思路，更容易捕捉关键信息并进行分析"等。此外，联想式教学显著提升了学生的学习兴趣，增强了课堂上的积极性和主动性。学生们表示："我的学习满意度提高了"，"这种教学方式激发了我的学习兴趣和热情"，"我希望这种教学方法能够持续应用，并愿意向其他高校推荐"等。综上所述，学生的反馈充分体现了联想式教学在促进思维表达、提升学习效率以及增强学习兴趣方面的积极作用。

学习动机问卷调查结果表明，联想活动营造了活跃的课堂氛围，使学习过程更加生动有趣，提高了学生的满意度。许多学生表示对联想活动充满兴趣，认为这种教学方式区别于传统课堂，更具创新性和吸引力。除了拓展性学习动机外，选择性学习动机和执行性学习动机两小组间均存在显著差异，这可能是因为联想式教学法的实施周期相对较短，如果实施时间较长，则两小组间可能会呈现出显著的统计差异。期待今后的外语课堂上能够实施更长周期的联想式教学法，以达到更好的教学效果。此外，在学习动机问卷自由描述中，大多数学生对所有问题给予了积极评价，体现了他们对该教学方法的高度认可。外语教学者应该努力将课堂营造出有趣的氛围，可以让学生从课堂的学习过程中享受真正的乐趣（Lightbown and Spada，2013）。联想式教学法正是可以为学习者提供一个支持性的环境，从而提高他们的学习动机。学习动机对学习者的语言能力有积极的影响（Oxford and Shearin，1994）。联想式外语教学注重学生的个体差异和自主学习能力，鼓励学生根据自己的特点和兴趣进行联想和学习。这种教学方式能够让学生在学习过程中感受到自己的进步和成长，从而增强自信心。当学生发现自己能够通过联想掌握更多的词汇和语法知识时，他们会更加相信自己有能力学好外语，这种自信心会促使他们更加努力地学习。为了在外语教学中提高学习者的外语能力，教师应该创造性地提高学生的学习动机（National Advisory Committee on Creative and Cultural Education ，1999）。联想式教学不仅会养成更好的语言习得习惯，而且会进一步增强学生的学习动机。

学习动机是引发和维持个体学习活动，并将学习活动引向一定学习目标的动力机制，是直接推动学生学习的内部动力。联想式外语教学通过引导学生将新知识与已有知识、经历或背景信息建立联系，使学习过程变得更加生动有趣。这种教学方式能够激发学生的学习兴趣，让他们对学习内容产生更强烈的探索欲和求知欲。当学生发现外语学习不再是枯燥无味的记忆和背诵，而是可以通过联想与自己的生活、兴趣和经历紧密相连时，他们会更愿意投入时间和精力去学习。

学生们运用思维导图构建自己的知识结构，在绘制过程中，他们充分发挥联想能力，对知识进行自主探索，形成符合自身思维方式的知识体系。自主绘制的思维导图不仅直观展示了学生的思维过程，而且能帮助他们更好地理解和享受自己的思考方式，从而提升学习积极性和动力。学习动机是指激发个体进行学习活动、维持已产生的学习行为，并使其朝向特定目标的一种内在心理过程或状态。联想式外语教学通过激发学生的学习兴趣，进一步增强其学习动力。当学生在学习过程中体验到乐趣和成就感时，他们会更加主动地参与课堂活动，积极思考并表达观点，从而形成良性循环。这种积极的学习态度和动力不仅推动学生不断追求更高的学习目标，也显著提升了学习效果。

4.3 本章小结

综上，本章提出基于思维导图的联想式外语教学实践及其应用效果。两组学生接受了为期八周的实践课程，分别为联想式外语教学方式与传统常规课程教学方式。为了阐明不同的外语教学方式对创造性的影响，我们通过传统的测试方法对比分析接受过联想式外语教学法与未接受过联想式外语教学法的学生进行了检测，包括检测创造性思维能力的AUT测试、检测语言能力的外语能力测试、检测学习动机的调查问卷。结果表明，运用思维导图结合联想活动不仅能培养学生的创造性思维能力，而且能提高学生的语言能力和学习动机。数据和结果将有助于为外语教学领域的创造性教学法提供借鉴价值。

培养学生的创造性是外语教学的一种创新，创造性的教育环境可以培养大学生在外语学习过程中的创造性。联想式外语教学是一种以联想作为教学手段的教学方法，它旨在通过引导学生将新知识与已有知识、经历或背景信息建立联系，以达到快速记忆、深入理解和有效运用的目的。本书对传统的外语课堂模式进行了改革，提出基于思维导图的联想式教学法，旨在提高学生的创造性。联想式外语教学不仅注重知识的传授，而且注重学习方法的引导。在教学过程中，教师会引导学生学会如何运用联想策略进行自主学习。这种教学方式能够培养学生的自主学习能力，让他们学会如何独立地思考、分析和解决问题。当学生具备自主学习能力时，他们能够更加灵活地应对学习中的挑战和困难，从而保持持续的学习动力和兴趣。联想式外语教学是一种具有显著优势的教学方法，它通过引导学生将新知识与已有知识建立联系，激发学生的学习兴趣和积极性，提高记忆效率和语言运用能力，并培养学生的思维能力。联想式外语教学鼓励学生进行自由联想和创造性思考，这有助于培养学生的创造性思维。在联想过程中，学生需要运用自己的想象力和创造力来构建新的知识框架和联系。这种训练能够让学生的思维更加灵活和开阔，有助于他们在未来的学习和工作中更好地应对复杂多变的问题和挑战。在未来的外语教学中，联想式教学法有望得到更广泛的应用和推广。

本书的数据和结果将有助于为外语教学领域的创造性教学法提供借鉴价值，教师可以在教学过程中强调创造性联想活动，并为教材设计思维导图用于教授词汇、阅读和写作，从而提高学生的创造性。在接下来的两章中，我们将运用前沿科学技术，包括EEG脑成像技术及眼动追踪技术，采集并分析精准的脑电与眼动指标，对教学效果进行进一步的客观验证，为外语教学领域创造性教学法的未来方向提供科学依据。

5

翻译过程中创造性思维的检测——基于EEG脑成像技术

联想式外语教学法包含了“阅读联想教学”的重要环节，在该过程中，学生不仅接受语言输入，还被引导进行跨语言、跨文化的联想与再创造，从而在潜移默化中提升他们的翻译能力。阅读联想教学通过激发学生的联想链条，鼓励其从多个角度理解与重构文本内涵，这一训练对学生在翻译任务中调动创造性思维资源起到了重要的推动作用。因此，通过检测学生在翻译过程中创造性思维的表现，可以进一步印证联想式外语教学法在激发与培育学生创造性思维方面的实际效果。本章通过EEG脑成像技术来测试学生翻译过程中的创造性思维能力，为进一步验证联想式外语教学法的有效性提供精准脑电客观数据。EEG脑成像技术能够实时观察和分析大脑在执行特定任务时的功能活动，本章将采用“EMOTIVE EPOC X”设备，对被试者在翻译任务执行期间的脑电活动进行动态记录。通过对比实验组和对照组在完成相同翻译任务时所产生的脑电信号，研究聚焦于alpha波段（7~12Hz）的脑电功率变化，尤其是在前额叶、额叶、额中央叶以及颞叶等与高级认知活动密切相关的脑区。数据分析结果显示，实验组在上述脑区的alpha波段功率显著高于对照组，尤其是在前额叶皮层区域的激活水平尤为突出。此外，实验组在右脑半球的alpha波活跃度也明显高于左脑，与创造性思维过程中右半球优势加工理论相吻合。这一神经模式的变化提示：接受联想式外语教学法的学生在翻译过程中表现出更高水平的认知灵活性、发散性思维能力和语言再创造能力。研究表明，接受基于思维导图联想式外语教学法的实验组表现出了更强的创造性思维能力。这种能力使他们在翻译过程中能够创造性地解读并再现原文，同时还能提出创新的目标语言表达方式。

5.1 脑电数据采集

5.1.1 实验设计原理

翻译能力是一种综合语言能力，涵盖了词汇积累、阅读理解、语法运用以及文化背景知识等多个方面。翻译思维的核心特征是双语认知，它不仅涉及对源语言的理解，而且要求准确传达其意义至目标语言。翻译过程是一项创造性的心理活动，需要译者运用创造性思维，在源语言和目标语言之间进行高质量的转换（余光中，2002；Shreve et al.，2010）。创造性思维方式不仅能加深对文本的理解，而且会培养灵活的翻译策略，从而提升译文质量。在翻译过程中，灵活运用发散性思维能够促使译者从多个维度和角度探索最佳翻译方案，可以增强译文的表现力、生动性与自然流畅度（Nida and Taber，2004）。这一过程依赖一种灵活的转化思维模式，在此模式下，源语言和目标语言的认知相互作用、整合并进行转换（Redifer et al.，2021；黄忠廉，2012）。充分运用发散性思维，可探索不同的视角和方法，使得译文能够在目标语言中被创造性地重新表达，从而实现自然流畅、简练易懂的翻译效果（柳青，2009）。发散性思维在翻译过程中至关重要，有效运用发散性思维不仅要求译者深入理解原文，而且需具备拓展和转化源语言意义的能力（隋丹妮等，2019）。通过检测翻译过程中的发散性思维，我们可以印证联想式外语教学法在激发与培育学生创造性思维方面的效果。首先，学生在翻译任务中展现出的语义扩展能力，即是否能够摆脱源语言的限制，以目标语言的表达习惯进行信息重构，反映了他们的发散性思维水平。其次，学生在翻译过程中能否提出多种可行的译文方案，并在不同方案之间进行灵活选择，也可作为创造性思维能力的具体体现。发散性思维是创造性思维的核心，深入揭示发散性思维的脑机制，可以加深对创造性思维的认识，促进创造性思维发展的有效性研究。发散性思维是一个动态的过程，EEG脑成像技术实验可以记录发散性思维的变化过程，加深对发散性思维的理解（晁浩等，2020）。因此，通过EEG脑成像技术来测试学生的创造性思维能力，可为进一步验证联想式外语教学法的有效性提供精准指标数据。

目前有很多学者对创造性思维测验过程中的相关脑区进行研究。多数研究表明，创造性思维过程是多个脑区协同作用的产物，而且特定任务所涉及的关键脑区存在异同（Razoumnikova，2000；Razoumnikova，2007；Sun et al.，2016；Zabelina and Andrews，2016；Wang et al.，2020）。Flaherty（2005）提出了三因素脑解剖模型，认为创造性思维是额叶、颞叶和边缘体构成的网络联结功能所促成的，其中，额叶负责新颖性观点的产生。在创造性思维过程中，前额叶与发散性思维相关（Dietrich and Kanso，2010）。在发散性思维任务上，高创造性个体大脑双侧的前额叶有显著激活（Carlsson et al.，2000；Razoumnikova，2000；Wu et al.，2015），尤其在右脑有更多的激活，右脑在执行发散性思维任务中发挥着重要作用（Razoumnikova，2000）。Fink等（2010）在其研究中通过增加认知刺激来提高参与者反应的新颖性，发现了前额叶皮层内侧面的激活，对于产生新颖性的观点具有重要的作用。Liu等 （2015）采用诗歌创作任务发现，创造性思维过程激活了不同脑区，前额叶皮层内侧面在这两个过程中都被激活了。脑波主要有四种，α（alpha）波、β（beta）波、δ（delta）波、θ（theta）波。其中，alpha波是比较偏潜意识的脑波（Sauseng et al.，2005）。当脑波呈现为alpha波时，想象力、创造力与灵感便会源源不断地涌出，对于事物的判断力、理解力都会大幅提升，同时身心会呈现安定、愉快、心旷神怡的感觉（Jensen et al.，2002；Palva and Palva，2007；Bullock et al.，2023）。alpha波段同步可以反映一个积极的认知过程（Klimesch，1999；Klimesch et al.，2007）。Jausïovec（2000）通过EEG脑成像技术考察了在进行发散性思维任务的alpha波段功率。结果显示，高创造性个体有更高的alpha波段功率，尤其在额叶区有更多的激活。Fink等（2006）采用事件相关同步（Event Related Desynchronization，ERD）方法考查了参与者在发散性思维任务上的alpha波段同步。分析结果显示，高新颖性的回答相对低新颖性伴随着更强的alpha波段同步。更多的创造性想法是与较强的alpha波段功率的增加相关。另外，Jung-Beeman等（2004）提到，相较于无洞察力的解决方案，洞察力解决方案具有更高水平的alpha波段功率，其中最突出的是右脑皮层。发散性思维任务往往伴随着大脑神经活动的显著变化，特别是在alpha波段（Bullock et al.，2023）。具体来说，当个体进行发散性思维时，大脑可能会调整其神经网络配置，以支持更灵活的信息处理和创造性的思维跳跃。

在本章中，我们将重点分析两小组学生在完成发散性思维导向的翻译任务过程中相关alpha波段功率的变化。通过EEG脑成像技术监测学生在翻译任务中的alpha波段功率变化，以探讨发散性思维在翻译过程中的神经认知机制，并进一步验证联想式外语教学法在提升学生创造性思维方面的有效性。若实验组学生在翻译过程中展现出更高水平的alpha波段功率，则可说明联想式教学法在促进翻译过程中发散性思维的运用方面具有积极作用。这不仅有助于丰富翻译研究的认知神经科学视角，而且为外语教学法的优化提供了实证支持。

5.1.2 实验对象与设备

（1）实验对象

我们从实验组与对照组中各自遴选了20名学生作为实验对象，以确保实验样本的代表性。在实验正式启动之前，我们对两组学生均进行了全面的智商（IQ）及心理健康状态的基线测试，结果显示两组之间不存在显著差异，为实验结果的可靠性奠定了坚实基础。在脑电数据采集之前，我们确保所有参与学生均处于良好的精神状态，无任何精神类疾病史及性格异常表现，以保障数据采集的准确性和有效性。实验组学生接受了为期8周的联想活动训练，训练周期圆满结束后，实验组与对照组的学生立即投入到发散性思维导向的翻译任务中，相应同步进行了脑电数据的实时采集。

（2）实验设备

如图5-1（a）所示，我们采用EMOTIV EPOC X设备，其是一种无线蓝牙脑电记录仪，可采集14通道脑电信号。其中包括国际通用10-20系统中的AF3、F7、F3、FC5、T7、P7、O1、O2、P8、T8、FC6、F4、F8、AF4，电极分布左右对称，单数为左、双数为右。前额叶（AF3、AF4）、额叶（F3、F4、F7、F8）、额中区（FC5、FC6）、颞叶（T7、T8）、顶叶（P7、P8），枕叶（O1、O2）（如图5-2（a）所示）。所有脑电信号的采样频率设定为512 Hz（每秒采样512次）。参考电极（覆盖黑色橡胶）放置在每侧耳垂后方的骨骼上。两个前额电极位于眉毛上方约3英寸的发际线处（如图5-1（b）所示）。按压并保持耳后和耳上方的两个参考电极约20秒后，EMOTIV EPOC X将开始记录脑电信号（如图5-2（b）所示）。

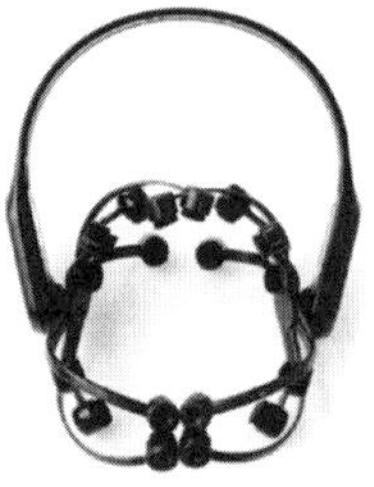

（a）EMOTIV EPOC X仪器

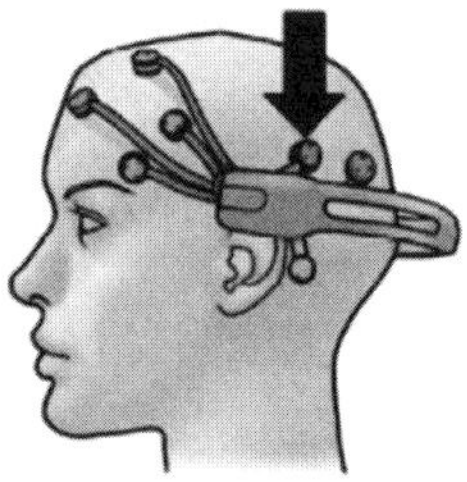

（b）EMOTIV EPOC X佩戴方式

图5-1　EMOTIV EPOC X 仪器及其佩戴方式

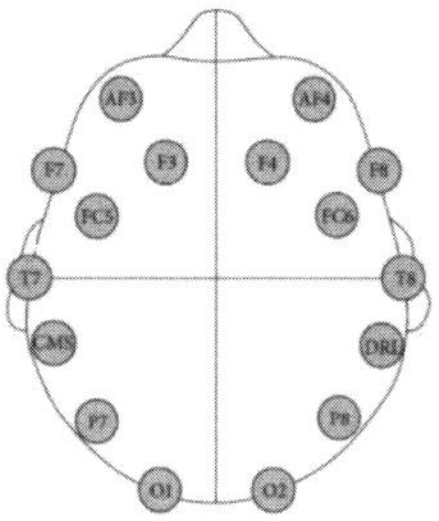

（a） EMOTIV EPOC X电极位置分布

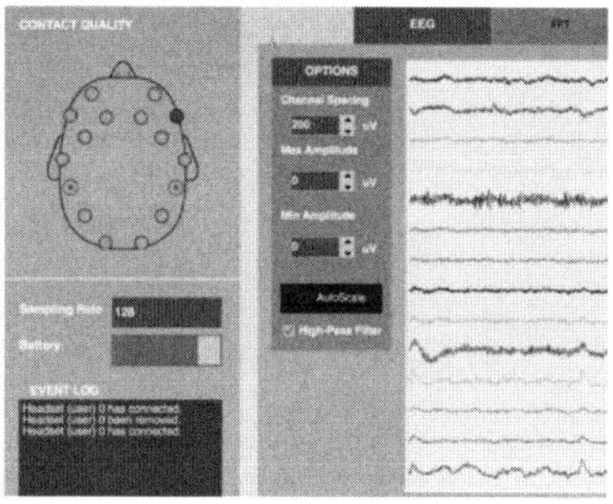

（b）EMOTIV EPOC X信号显示

图5-2　EMOTIV EPOC X电极位置分布及信号显示

5.1.3　实验流程

（1）执行发散性思维导向的翻译任务

本研究设定4种不同类型发散性思维导向的翻译任务，包括日常生活类（Task 1）、隐喻表达类（Task 2）、新闻报道类（Task 3）以及文学文本类（Task 4）材料，以综合测量译者执行翻译任务过程中的发散性思维。每组材料共3个句子，均需恰当发挥发散性思维从多方面去理解原文，进而思考最佳的译文表达。材料中的句子长短一致、语法复杂度相当，在字数（t = 1.05，p>0.2）、意义度（t = 0.95，p>0.1）和熟悉度（t = 0.103，p>0.5）等方面无明显差异。

本实验在隔音实验室内进行。首先，我们向参与者提供了一份简要的书面说明，介绍实验设置、流程以及需要完成的翻译任务。在实验开始前，参与者还需完成预实验练习任务，以便熟悉实验环境、计算机、脑电记录仪等设备。为了最大程度地消除“重测”或“适应”效应对数据的潜在影响，我们通过随机分配任务顺序、合理安排休息时间，并采用个体测量方法，确保实验结果的准确性和可靠性。为了有效减少偏差，确保任务顺序的随机分配，我们使用了高质量的随机数生成器，使任务顺序在参与者之间得到均衡分布，即每个任务在不同位置（如第一、第二等）出现的次数大致相同。在实验过程中，参与者需要避免大幅度的身体动作或与他人交流，以减少外界干扰。

（2）脑电数据采集方法

脑电信号经过0.1Hz至100 Hz的滤波，并应用50Hz的陷波滤波器以去除电源线干扰。电极阻抗保持在5kΩ以下，所有信号的采样频率为512Hz。对EMOTIV EPOC X进行了视觉检查，以确保其没有眼动伪影，并且未检测到肌电活动。数据处理基于无伪影的脑电记录，并使用Hanning窗口进行分段处理。对于每位参与者和每个实验条件，选择了经过滤波且无伪影的EEG时段。图5-3展示了脑电数据采集设置的示意图。参与者坐在面向电脑的椅子上，佩戴EMOTIV EPOC X头戴设备，进行翻译任务的同时记录脑电数据。EMOTIV EPOC X通过蓝牙将数据传输至电脑，并通过电脑上的EmotivPRO 3.6.9集成软件进行访问。数据包每秒发送一次，通过分析这些数据包，可以提取出alpha波段的数值数据。随后，使用快速傅里叶变换（FFT）计算平均alpha波段功率。

图5-3　脑电数据采集示意图

（3）脑电数据解析方法

翻译任务从“○”符号的呈现开始（如图5-4所示）。要求学生一直关注“○”符号，持续时间为15秒。“○”符号消失后，翻译任务会显示在电脑屏幕上，学生在看完每个翻译任务有了想法时，就会按下电脑键盘上的“ENTER”键，此时电脑上会显示“请作答”的字样，学生看后便开始描述自己的想法。通过对采集到的数据进行预处理、特征提取和建模分析，我们可以揭示创造性思维过程中大脑特定区域的激活情况、功能连接模式以及动态变化等。这些分析有助于我们理解创造性思维的神经机制。待想法叙述结束后，学生再次按下“ENTER”键确认其想法。5秒后，电脑屏幕上会再次出现下一个翻译任务介绍。每个翻译任务均需要在3分钟内完成，此过程会循环进行，直至最后一项任务完成，脑电数据采集工作结束。

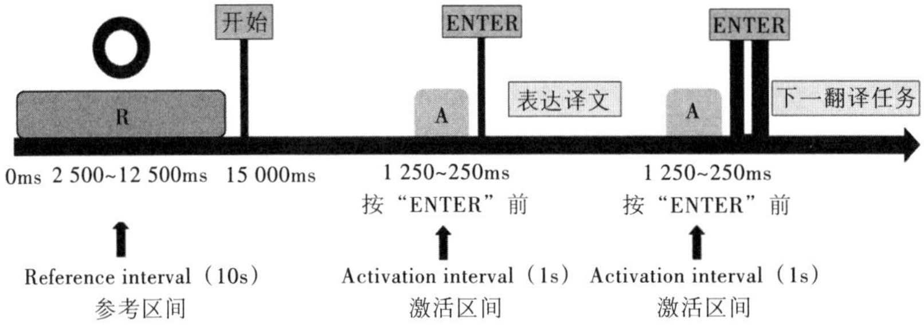

（注：R-Reference，A-Activation）

图5-4　脑电数据分析过程示意图

较长的参考时间窗可以提供更稳定的静息态脑电活动估计，并减少瞬时波动（Hajihosseini and Holroyd，2013；Berchicci. et. al.,

2013)。与此同时，与注意力和记忆相关的认知加工通常发生在1秒的时间范围内，使其适用于事件相关脑电分析（Luck，2014）。因此，在学生执行翻译任务过程中，本实验将会选取两个时间段的脑电数据用于数据分析：参考区间（Reference interval）：关注“○”符号的10秒时间段（2 500~12 500ms）；激活区间（Activation interval（1s））：按下“Enter”键之前的1秒时间段（1 250~250ms）。每种翻译任务都有3个，因此激活区间也会有3个，本实验将取这3个激活区间中的脑电数据平均值进行分析。在参考区间和激活区间，我们利用FFT滤波器对脑电信号进行滤波，计算alpha波段功率（μV^2）。为了反映学生在执行发散性思维任务过程中大脑皮层兴奋水平的变化，我们测量alpha波段任务相关功率变化（task-related power，TRP），在每个翻译任务中，用激活区间（log-transformed）的功率减去参考区间（log-transformed）的功率，公式如下：

$$TRP_i = \log(Pow_i\ activation) - \log(Pow_i\ reference)$$

如果alpha波段功率从参考区间到激活区间减小，则TRP值为负；如果alpha波段功率从参考间隔到激活间隔增加，则TRP值为正（Pfurtscheller，1999）。

5.2 脑电数据分析

5.2.1 Alpha波段TRP值分析（一）——整体发散性思维表现

根据图5-5的统计比较，我们进行了t检验（表5-1）。结果显示，两组的alpha波段TRP值均呈现正值态势，证明两组的alpha波段功率从参考区间到激活区间都有所增长。此外，在Task 1、Task 3任务，以及Task 4任务中，实验组所体现出的alpha波段功率明显高于对照组：Task 1任务，($t = 2.887$，$p < 0.05$)，Task 3任务，($t = 3.201$，$p < 0.01$)，Task 4任务，($t = 5.079$，$p < 0.001$)；而在Task 2任务中，两组间的alpha波段功率差异并未达到统计显著性水平：($t = 1.803$，$p > 0.05$)。

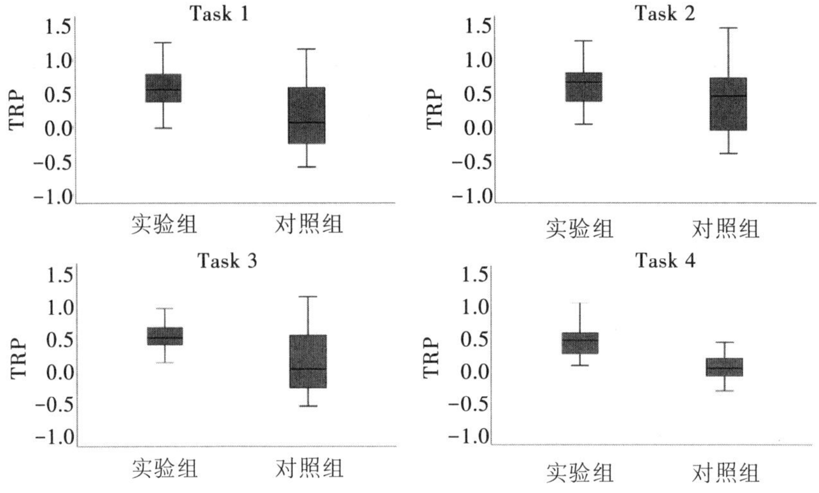

图5-5　两小组执行翻译任务过程中的alpha波段TRP值统计比较

表5-1　**两小组alpha波段TRP值的t检验结果**

翻译任务	实验组		对照组		t	p
	M	SD	M	SD		
Task 1	0.595	0.338	0.193	0.052	2.887*	0.015
Task 2	0.603	0.331	0.385	0.479	1.803	0.117
Task 3	0.582	0.352	0.153	0.315	3.201**	0.003
Task 4	0.506	0.295	0.098	0.276	5.079***	0.000

(注：M-Mean；SD-Standard Deviation；* $p < 0.05$；** $p < 0.01$；*** $p < 0.001$.)

脑电数据结果表明，无论是实验组还是对照组，alpha波段TRP值都有所提高。发散性思维通常伴随着从参考区间到激活区间的

alpha波段功率的增加，这一现象表明两组学生在实验过程中均经历了某种程度的认知激活。发散性思维的激活过程，通常与alpha波段功率从参考区间向激活区间的显著增强紧密相关，这一生理现象在神经科学领域被广泛视为创造性思维与想象力拓展的标志。Alpha波段TRP值的增加通常被解释为大脑皮层区域激活，因此，实验组和对照组学生alpha波段TRP值的共同提高，意味着两组在实验过程中都经历了一定程度的认知激活。

进一步深入分析显示，两组学生在执行Task 1、Task 3、Task 4的翻译任务时，alpha波段功率的增长轨迹呈现出显著差异，实验组的学生明显高于对照组。这一区别不仅映射出大脑活动模式的个性化特征，而且深刻地揭示了联想式教学法在促进发散性思维能力提升方面的独特效能。具体而言，alpha波段功率的动态变化成为衡量联想教学策略有效性的关键指标，它直观地验证了该方法在激发学生的联想能力、拓宽发散性思维方面所发挥的积极作用。而在Task 2任务上的alpha波段TRP值，实验组没有明显高于对照组，这一结果或可归因于Task 2任务本身对形象思维能力、直觉敏锐度及深刻悟性提出了更高要求。鉴于实验组在日常训练中相对缺乏针对隐喻修辞文本类需要相对高端认知技能的专项锻炼，导致在应对需要高度发散性思维的Task 2任务时，两组学生的联想力展现出了相似的水平，进而未能在TRP值上拉开显著差距。

5.2.2 Alpha波段TRP值分析（二）——主要脑区发散性思维活动

脑电数据结果显示的alpha波段TRP值提高，为理解实验组和对照组学生在实验过程中经历的认知激活提供了神经科学层面的证据。这一发现不仅支持了发散性思维与大脑神经活动变化之间的紧密联系，而且为进一步探究不同干预措施对创造性思维的影响提供了可能。alpha波段功率的增加，尤其应体现在与注意、记忆、想象等认知过程密切相关的脑区。图5-6显示，整个脑区alpha波段TRP值均呈现出正值态势，alpha波段功率从参考区间到激活区间有了显著增加。具体而言，实验组alpha波段TRP值高于对照组，且这种差异主要集中在AF区、F区、FC区以及T区等关键脑区。值得注意的是，无论是对照组还是实验组，AF区的TRP值均显著超出其他脑区，而实验组在该脑区的TRP值更是进一步高于对照组，揭示了该脑区在特定激活状态下可能扮演着更为突出的角色。

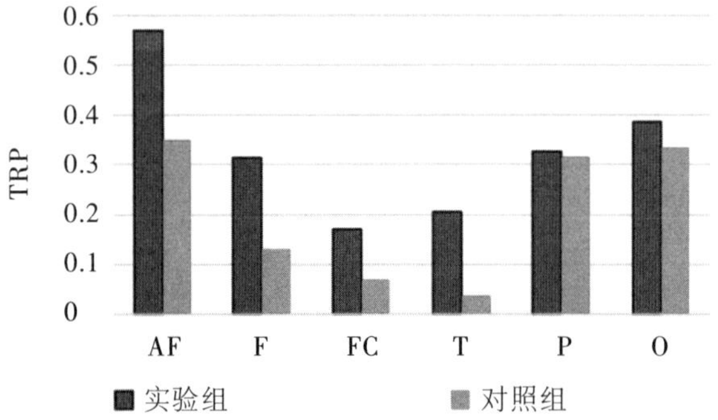

图5-6　两小组的主要脑区alpha波段TRP值

AF，前额叶；F，额叶；FC，额中区；T，颞叶；P，顶叶；O，枕叶

（1）前额叶（AF）区alpha波段TRP值

经观测，两小组的alpha波段在AF区的TRP值均显著超越其他脑区。尤为值得注意的是，相较于对照组，实验组展现出了更为丰富的任务导向性alpha波段同步活动模式。这一发现强调了AF区在创造性思维，尤其是在发散性思维能力发挥过程中的核心作用，这一观点与Shamay等（2011）、Crone和Dahl（2012）、Ono等（2022）、Taha等（2024）的研究结果一致。AF区之所以在创造力与发散性思维发展中占据重要地位，归因于其深度参与认知控制功能

（Miller and Cohen，2001；Rutter et al.，2012）。在认知加工与思维活动的背景下，AF区诱发的alpha波段功率增强被视为促进对阅读材料深入分析与整合的生理基础（Carlsson et al.，2000）。AF区的主要功能在于帮助个体维持冷静与放松的心理状态，从而为新颖、独特乃至原创想法的生成提供良好的神经环境。创造性的表现离不开一系列高级认知能力的支撑，包括记忆力、专注力，尤其是至关重要的认知灵活性。其中，认知灵活性作为发散性思维的核心要素，涉及打破既有思维框架、采用新颖策略及建立独特知识联结的能力（Dietrich，2004）。而这些认知功能的实现，往往与AF区的功能状态紧密相关。实验结果显示，相较于对照组，实验组在AF区展现出更活跃的alpha波段活动，这表明其认知灵活性得到有效提升，发散性思维能力显著增强。

（2）额叶（F）区、额中（FC）区alpha波段TRP值

大脑的F区与FC区，作为额叶的关键组成部分，已被广泛认定为在促进发散性思维过程中发挥着不可或缺的作用（Carlsson et al.，2000；Dietrich，2004）。这些脑区主要涉及高级认知功能，包括工作记忆、认知控制和注意力调节，是创造性思维生成和信息整合的重要中枢。在本研究中，实验组学生在alpha波段的TRP值显著高于对照组，揭示了当执行翻译任务时，实验组学生的F区与FC区不仅展现出更为显著的激活状态，而且表明这些脑区在发散性导向翻译任务执行过程中的更为充分且高效的参与程度。具体而言，F区的活跃状态可能反映了实验组学生在翻译过程中更频繁地调动语言相关的信息加工机制，包括词汇提取、语义转换及句法重构。此外，FC区的增强激活可能意味着学生在翻译过程中更倾向于采用多样化策略，如通过联想构建跨语言连接，优化翻译方案，并在保持原文语义的同时进行更具创造性的表达。

（3）颞叶（T）区alpha波段TRP值

T区作为大脑中至关重要的记忆生成与整合区域，在认知过程中承担着信息处理、情境记忆编码及语义网络构建等关键功能。实验结果表明，与对照组相比，实验组学生的T区alpha波段活动更为活跃，表明其在记忆编码和信息整合过程中表现出更高水平的神经同步化。具体而言，实验学生在翻译任务过程中更倾向于调动跨感官模态的信息整合机制，从而形成更加丰富、层次更深的记忆表征。这一增强的感觉间连接能力不仅拓展了记忆的深度与广度，而且提高了信息存储的稳定性和提取效率，还优化了翻译任务的执行过程，使学生能够更快速地理解和转换语义信息。此外，T区的高效整合能力还可能有助于激活语义联想网络，提高学生在翻译过程中对词汇、句法及文化背景知识的灵活调用能力。这一认知优势使实验组学生在翻译任务中能够更好地进行语义推理、上下文判断及概念重构，从而在翻译任务过程中更充分发挥发散性思维，实现更加流畅且灵活的表达。

（4）顶叶（P）区、枕叶（O）区alpha波段TRP值

在对比分析中，实验组和对照组的学生在P区与O区均展现出了较高的alpha波段TRP值，两组学生的表现在这一点上呈现出一定的相似性。具体而言，P区作为体感信息处理和空间认知的关键区域，其alpha波段TRP值的普遍提升可能反映了两组学生在翻译过程中经历了更强的感官整合和注意力调节。然而，实验组学生在P区的alpha波段活动更为显著，这意味着他们在翻译过程中更倾向于采用灵活的信息重组策略，以便将已有知识与新输入的信息进行创造性的关联，从而促进发散性思维的运用。O区是视觉信息处理的核心区域，其alpha波段TRP值的升高通常被解读为一种抑制无关信息的认知控制机制。在翻译任务中，视觉通道可能接收到大量

额外信息，如文本格式、背景颜色，甚至屏幕上的干扰因素。O区alpha波段活动的增强表明学生能够更有效地过滤外部干扰，专注于翻译任务本身的核心内容。尤其是在实验组学生中，这种O区抑制模式可能更为明显，说明他们在执行翻译任务时能够更灵活地切换注意力分配，提高信息筛选效率，从而促进发散性思维的流畅进行。

5.2.3 Alpha波段TRP值分析（三）——左右脑在发散性思维中的差异

在本实验中，我们还进一步对两组学生左右大脑的alpha波段TRP值差异进行了独立而详尽的考察。研究结果显示，在实验组中，右脑的AF区、F区、FC区的TRP值均显著高于其对应的左脑区域，这一发现表明了实验条件下右脑特定区域在alpha波段活动上的优势地位。相比之下，对照组的数据则揭示出左右大脑在TRP值上并未展现出显著的差异，尽管在AF区和FC区，左脑的TRP值略微高于右脑（如图5-7所示），但此差异并未达到统计学上的显著性水平，表明在对照组中大脑半球间的alpha波段活动保持了一种相对平衡的状态。实验结果表明，联想式教学模式在激活实验组学生右脑皮层alpha波段活动方面展现出显著成效。alpha波段活动的增强，作为大脑皮层在放松且警觉状态下的一种标志性生理表现，不仅促进了创造性信息加工，而且在翻译任务中对发散性思维的发挥起到了关键作用。具体而言，这种增强的alpha波段活动优化了右脑半球的信息整合与创造性联想能力，使实验组学生能够更灵活地连接跨语言语义网络，从而有效促进概念的重组与创新表达。

在执行依赖发散性思维的特定任务时，右脑半球皮层的核心作用日益凸显（Carlsson et al., 2000; Razoumnikova, 2000; Fink,

2007）。既有研究已广泛关注整个右半球皮层在发散性思维中的功能，强调其在创造性认知、联想扩展以及情境整合等方面的突出贡献。然而，本书尝试对这一主题进行更为精细化的探讨，特别聚焦于右脑中若干关键区域，即AF区、F区及FC区在alpha波段TRP值下的表现，旨在揭示这些区域在发散性思维过程中的具体作用机制与动态变化模式。如图5-7的统计分析结果所示，实验组学生的右脑AF区、F区及FC区的alpha波段TRP值显著高于左脑区域。这一发现表明，在翻译任务中，实验组学生的右脑特定区域表现出更强的激活状态，他们能够更高效地激活右半球的创造性加工机制，从而提高概念重组、语义灵活性和新颖表达的能力。右脑AF区在实验组学生中表现出较强的alpha活动，这与以往研究一致，表明该区域在认知灵活性、语义整合和情境适应等方面发挥着核心作用。相比之下，对照组左右脑AF区与FC区的alpha波段TRP值上未表现出显著差异，且其左脑AF区与FC区的alpha波段TRP值略占优势。这一现象可能反映出，对照组学生在翻译过程中更依赖左脑的分析性加工策略，如逐词对照、语法转换和逻辑推理，而非实验组学生所展现出的更具发散性的语义再构建和创新表达。换言之，对照组的左右脑激活模式更为均衡，可能表明他们的翻译策略更多依赖已有知识框架，而较少涉及概念的灵活转换和创新表达的生成。

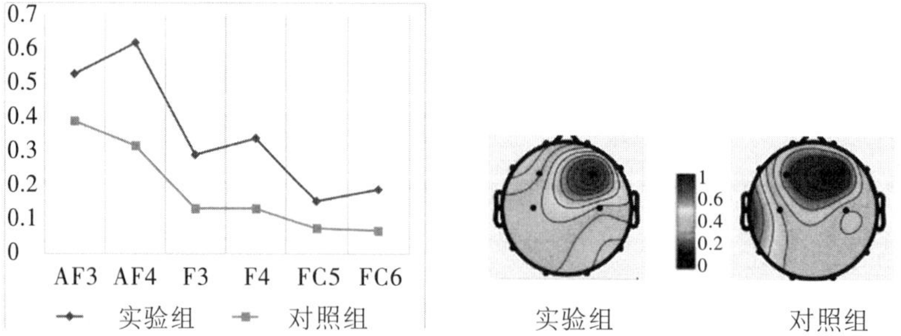

图5-7　两小组左右脑alpha波段TRP值与TRP分布图

左脑：AF3、F3、FC5；右脑：AF4、F4、FC6

综上所述，AF区在发散性思维的神经机制中扮演着关键角色，且发散性思维能力的提升与该区域alpha波段功率的增强密切相关。具体而言，本研究数据显示，实验组参与者在翻译任务过程中，其AF区的alpha波段功率显著高于对照组，反映出更高水平的神经激活。同时，实验组在右脑半球的alpha波段功率也明显高于左脑半球，进一步印证了右脑在处理创造性认知活动中的主导作用。这些神经活动特征表明，实验组学生在翻译过程中更具备打破固有语言结构与思维定式的能力，能够灵活运用联想与再构策略，从而实现多元化的信息处理路径。这种认知灵活性促使他们在面对语言转换任务时能够进行意义重构、情境迁移和语言创新，进行更具创造性的表达。相比之下，对照组学生在执行翻译任务时，缺乏思维弹性，表现出较低的神经活跃度，缺乏灵活而创新的表达。

翻译不仅是一种语言转换行为，而且是一种高度整合性的创造性心理活动。从本质上讲，译者对原作的理解与再表达，是一个动态的再创造过程，融合了语言、文化、认知与情感多种因素。因此，译者的创造性，特别是其发散性思维能力，在整个翻译过程中起着决定性作用。在外语教学中，如何有效培养学生的发散性思维，是提升翻译素养的关键路径之一。通过引入联想式外语教学法，激发右脑潜能，调动多通道的认知资源，不仅有助于提升学生在翻译活动中的语义扩展力与表达多样性，而且能在根本上促进其思维灵活性和创造性表达能力的全面发展。基于思维导图的联想式外语教学法不仅是一种语言教学方法的革新，而且是促进学生思维品质全面提升的重要途径。其所倡导的以联想驱动、思维先行的教学理念，为外语教学注入了新的生命力，也为如何在教育实践中培育创造性人才提供了具有理论支撑与实证基础的解决方案。

5.3 本章小结

本章通过采集并分析两小组学生在执行发散性思维导向的翻译任务过程中的脑电数据来分析发散性思维。通过对比分析方法，聚焦于alpha波段TRP值在两组之间的差异，深入剖析了发散性思维的神经机制，旨在为两组对象在发散性思维状态上的不同表现提供基于实证的数据支撑。研究结果显示，AF区作为发散性思维过程的关键脑区，其活动模式尤为显著。高发散性思维能力与AF区alpha波段功率增强的正相关关系，进一步印证了AF区在促进创造性思维中的核心作用。尤为值得注意的是，实验组在执行翻译任务时，AF区的alpha波段功率展现出显著的增强趋势，且这一增幅显著高于对照组。此外，右脑alpha波段功率较左脑更为显著。

实验结果表明，在翻译过程中，实验组学生展现出更高的发散性思维能力，即能够突破逐词对照的传统翻译模式，更倾向于采用语境化和整体化的策略进行信息重构。这种认知模式不仅提高了翻译的流畅性和创造性，而且使学生能够在语言转换过程中探索多种表达方式，从而生成更加流畅和准确的译文表达。此外，alpha 波段活动的增强还与认知灵活性的提升密切相关。实验组学生在翻译任务中展现出更活跃alpha活动表明，他们能够在不同语言结构之间自由切换，同时利用背景知识和文化语境进行联想和推理，从而生成更具创造性的翻译方案。这一现象进一步验证了右脑在处理复杂语言任务中的核心作用，并支持了在翻译过程中发散性思维的重要性。本章节为基于思维导图的联想式教学提升个体的发散性思维能力提供了有力的实验数据，这一创新教学方法为学生大脑潜能的开发提供了坚实的理论依据与实践支撑，为外语教学领域探索更加高效、科学的创造性培养模式提供了精确的科学依据。

6

阅读过程中语言能力的检测——基于眼动追踪技术

阅读能力可反映学生的综合语言能力。传统阅读能力测试方式一般仅仅限于阅读成绩、阅读时间和阅读速度，但这些评估仅仅呈现了阅读理解的结果，并不能解释文本理解的实时过程。眼动追踪是一种能够记录在线阅读行为的灵敏而有效的技术，从心理语言学的角度对阅读理解过程进行研究，提供充分的数据支持。在阅读理解研究中，眼动追踪技术提供了一种新的视角和方法，通过追踪读者在阅读过程中的眼动行为，可以揭示他们的认知过程、兴趣点和理解难点。因此，我们在传统阅读理解测试的基础上，采用眼动追踪技术对学生的阅读能力进行测试，直接将文本理解的认知过程和阅读过程可视化。本章将采用眼动追踪技术，通过TobiiT120眼动仪对比分析两小组学生在日语文章阅读过程中眼动视线轨迹特征，应用注视次数、注视频率、平均注视时间、回视频率、平均眼跳距离、瞳孔直径、眼跳距离6种眼动指标，以及阅读时间、阅读速度、阅读理解率、阅读效率的阅读能力指标进行分析，探讨联想式教学法对阅读能力的影响。

6.1 眼动数据采集

6.1.1 实验设计原理

阅读能力在外语学习中具有重要作用，它综合反映了外语的整体水平（Nuttel，1996）。目前关于阅读能力评估的研究，大多是通过阅读测试来评估阅读能力或识别阅读困难（Marton and Booth，1997；Bahareh and Abbas，2015；San，2013；Andriani，2017）。测试方式往往以“是否理解文章的内容”为标准，通过“判断正误、选择正确选项、简答论述”等题型的形式来检验。而要全面检验阅读能力，需要对阅读认知加工过程进行有效分析，应研究语篇理解的实时理解过程。语言心理学认为，阅读是指从文字系统中提取信息再经过大脑编码加工理解文章的过程（彭聃龄，1991），大脑皮层传出的神经支配眼球运动，眼球运动受大脑的支配同时再逆向传回到大脑。阅读过程是“对视觉信息进行认知加工的过程”，而眼动追踪是研究“视觉信息认知加工”最有效的方法（隋雪等，2018；Annerer-Walcher，2021）。阅读过程与眼动追踪之间存在一定的对应关系，通过分析读者在阅读过程中的注视点、注视时间和注视顺序，可以了解他们如何逐步构建对文本的理解（Mancheva et al.，2015）。例如，读者在难以理解的部分可能会停留更长时间，表现出更多的回视和注视。阅读能力对阅读过程有显著影响，将阅读能力的差异与认知加工过程联系起来，可达到研究阅读能力对阅读过程影响的目的。阅读能力与眼动模式相关，通过眼动指标可以解释阅读能力差异的认知过程（Just and Carpenter，1980）。同时，可以了解在阅读过程中眼球运动的方向和时间，从而为提出合理的阅读教学方法以提高阅读效率和学习效果提供理论依据（Ikeda and Saida，1978；Balota et al.，1985；吴迪、舒华，2001）。

可见，眼动追踪技术提供更加精确有效的方法支撑，可对阅读行为中的认知加工过程进行数据捕捉与分析，进行全方位的阅读过程分析。其不仅能为语言理解提供实时的、可视化的测量，而且能够持续测量和记录阅读理解全过程，具有客观性。眼动追踪数据可以揭示读者对文本中哪些部分更感兴趣，这些兴趣点可能是文本的关键信息或引发读者共鸣的观点。眼动追踪技术是一种人机交互技术，用于记录在线阅读行为，显示阅读过程中的眼动指标，为阅读理解过程提供充分的数据支持，被认为是精准神经生理信号的测量工具（Aurora and Lorenzo，2020）。眼动追踪技术用于实时记录眼动指标，进而将眼动指标映射到阅读过程中，可以有效地分析阅读能力，为阅读研究提供一个具有心理生态学效度的变量（Keith and Charles，2003；Liversedge and Findlay，2000）。不同阅读水平的被试在阅读加工过程中的认知加工水平不同，眼动指标可以作为一种检测手段（Rayner and Sereno，1994；Rayner，1998）。

目前多数研究侧重于研究阅读过程中的眼动注视相关指标、眼球距离、回视频率和瞳孔直径等（闫国利等，2010；闫国利等，2001）。注视相关指标如注视次数、注视频率和平均注视时间最能反映被试者的阅读特征；眼球距离可以准确地反映阅读效率和阅读材料的认知加工能力；回视频率可以有效地反映阅读材料再加工的过程；瞳孔直径的变化与注视、凝视等特定的阅读眼动密切相关，可以分析阅读过程中的心理变化（Zambarbieri and Carniglia，2012；Rivas-Lalaleo et al.，2017；Krieber et al.，2016）。快速阅读者在阅读句子和文本时往往产生的注视较少，且注视时间短，扫视范围较大，回视范围较小（Rayner，Slattery and bassalanger，2010；Everatt and Underwood，1994；Häikiö et al.，2009）。与一般阅读者相比，高水平阅读者的注视时间更短，回视频率较少（Ashby，2005；Jared，Levy and Rayner，1999）。随着文章难度的增加，认知加工变得更加复杂和困难，眼跳振幅普遍变短，回视频率显著增加，平均注视时间变长（Rayner et al.，1994）。在认知加工过程中付出的努力程度越大，瞳孔直径范围的变化越大（Van Gerven et al.，2002）。以上研究为本书解释阅读时眼动指标与认知加工过程的关系提供了基础性研究依据。

综上所述，采用眼动追踪技术，可将眼球运动指标映射到阅读过程中，从而有效分析学生的阅读能力。阅读是一个复杂的信息处理过程，涉及从词汇存储中检索信息，并通过大脑的高级编码与解码机制实现对文本内容的深刻理解。眼动追踪能够捕捉并解析这一动态过程中的微妙变化，为探索大脑在阅读任务中的认知加工机制与神经动态提供独特的视角。通过比较不同读者在阅读过程中的眼动行为，可以评估他们的阅读策略是否有效。阅读理解是理解和分析文本信息的能力，而眼动追踪则是一种客观、精确地测量视觉注意力的技术。将两者结合起来，可以为我们提供更深入、更全面的阅读理解研究视角和方法。本章通过眼动追踪技术，不仅观察了学生在阅读过程中的眼球运动轨迹，而且试图揭示这些运动模式背后所蕴含的认知加工策略与思维活动，从而进一步深入理解创造性教学法如何通过优化阅读过程来促进学生外语能力的全面发展。

6.1.2 实验对象与设备

（1）实验对象

我们从实验组与对照组中各自遴选了20名学生作为实验对象，以确保实验样本的代表性。实验要求学生阅读的阅读材料为日语国际能力测试N2考试阅读理解模拟测试材料。每篇文章字数约为500字，基本框架为16行×30个字符。阅读文章包含汉字、平假名和片假名，以确保日语阅读能力的全面测试。实验组学生接受了为期8周的联想活动训练，训练周期圆满结束后，实验组与对照组的学生立即投入到眼动追踪实验，在学生的阅读过程中同步进行了眼动数据的实时采集。

（2）实验设备

本实验采用TobiiT120眼动仪记录眼动视线轨迹，采样频率为1 000Hz，显示器分辨率为1 024×768像素。图6-1为TobiiT120眼动仪眼动数据采集示意图。被试者眼部与TobiiT120眼动仪屏幕间始终保持70cm距离，约为30°视角。实验开始时，就会提示学生阅读随机显示的四篇日语文章，时间不受限制。眼动仪会在阅读过程中记录眼动数据，导入Tobii Studio软件。学生在阅读后需要立即完成每篇文章后设置的两个阅读理解选择题，并写下关键词和关键句，以此衡量他们的阅读理解率和阅读效率等指标。

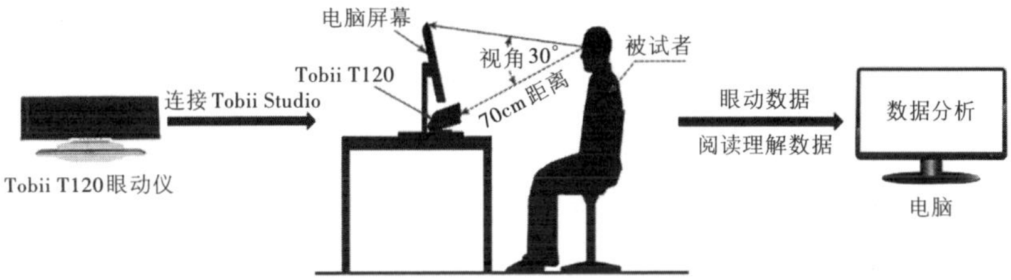

图6-1　眼动数据采集示意图

6.1.3　实验流程

（1）眼动指标与可视化路径图的采集与分析

注视相关指标、回视频率、眼跳距离和瞳孔直径是在眼动研究中应用最多的数据，是鉴定学生阅读能力的主要指标（闫国利等，2010；闫国利等，2001）。此外，热点图和注视轨迹图可以提供眼动指标的直观视图，并将阅读过程可视化（白学军、闫国利，2017；Beymer et al.，2005）。在本章，我们将主要采集这些眼动数据进行分析。

注视相关指标

注视是指眼睛在一段时间内保持静止的位置（Chamberlain，2007；Dong et al.，2018），可以反映读者对阅读材料的认知加工过程（Holmqvist et al.，2011）。注视次数、注视频率和平均注视时间都是与注视有关的一般眼动指标。注视次数，是指被试者注视整篇材料的注视点个数（单位：次）；注视频率，是指单位时间内注视点的次数（单位：次/秒）；平均注视时间，是指眼睛在每个注视点上停留的平均时间（单位：分钟）。与阅读简单材料相比，阅读困难材料的注视次数、注视频率和平均注视时间都会更多（Radach and Kennedy，2004）。

回视频率

回视是指与阅读材料相反方向的阅读过程（Chamberlain，2007；Dong et al.，2018）。眼动回视的原因可能与读者理解文章有困难有关（Rayner，1998）。回视频率是指眼球退回到刚刚注视的区域后进行再注视的次数（单位：次/秒）。

眼跳距离

眼跳距离是指注视点从一个注视点移动到另一个注视点的距离（单位：°/秒）（Chamberlain，2007；Dong et al.，2018）。眼跳距离可以反映单次凝视所获得的信息量，反映了阅读效率和处理难度。眼跳距离越长，单次凝视获得的信息越多，阅读速度更快（Irwin，1998）。

瞳孔直径

瞳孔直径是用来推断“认知加工”和“认知负荷”大小的眼动指标（单位：毫米）（Van Gerven et al.，2002）。瞳孔直径的大小与信息处理的心理努力程度密切相关。当心理负荷较大时，瞳孔直径的范围也会较大。此外，它还与人的情绪密切相关。例如，当人们看到感兴趣的事物时，瞳孔直径会增大（Heo et al.，2014；Bang，Heo and Choi，2014）。

热点图

反映注视时间和注视位置的热点图能更好地反映视觉处理过程（Henderson，2003）。热点图能够同时高效地展示多个甚至上百名被试者的视觉关注重点区域以及被吸引程度（张仙峰、叶文玲，2006；Rayner，2009）。图6-2是热点图的示意图，聚焦区域由红-黄-绿光谱表示：红色代表浏览和注视最集中的区域，黄色和绿色代表目光注视较少的区域。

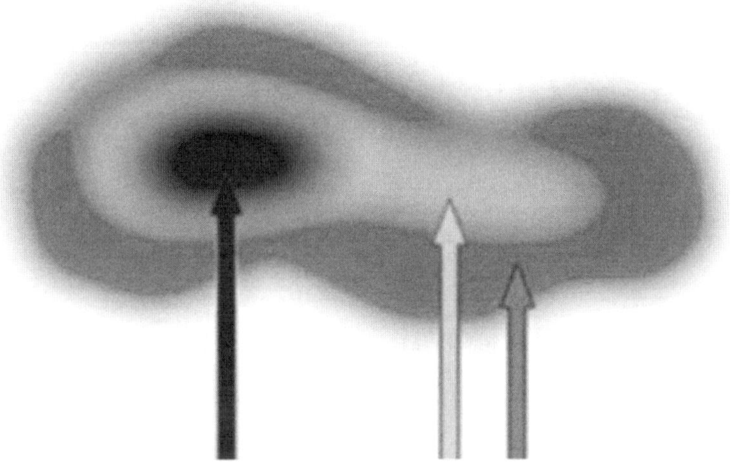

注视最集中的区域　　　注视较少的区域

图6-2　热点图示意图

注视轨迹图

注视轨迹图是眼动追踪研究中一种重要的可视化工具，用于展示个体在观察特定刺激材料时眼球的注视路径。这种图形化表示方法将一系列的注视点（眼球停留的位置）连接起来，形成一条或多条轨迹线，从而揭示了观察者的视觉搜索模式和注意力分配情况。图6-3是注视轨迹图的示意图，圆圈表示注视次数，圆圈的大小表示注视时间，圆圈之间的线表示眼跳距离。

（2）阅读理解指标的采集与分析

学生在完成阅读每篇文章后会回答两个阅读理解选择题，并写下文章的关键词和关键句。为了测量学生的答题效果，我们增加了阅读

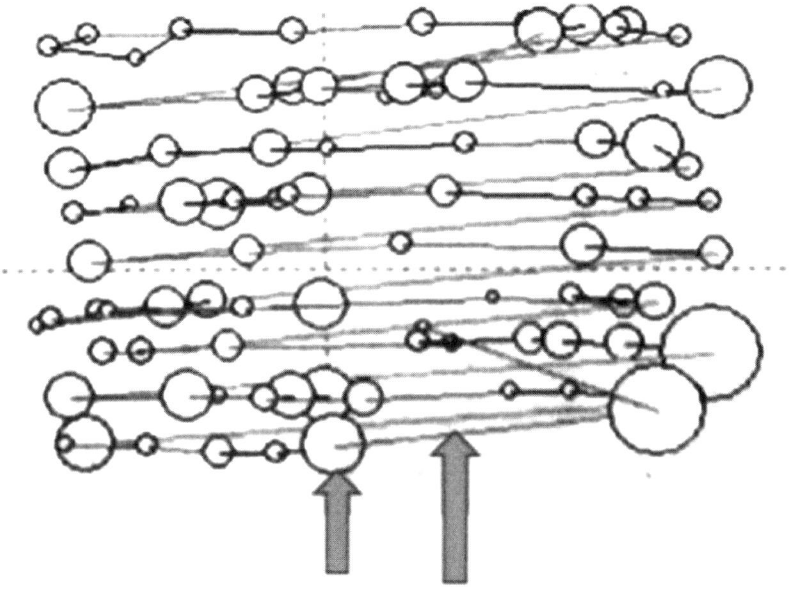

图6-3　注视轨迹图示意图

理解指标进行解读。阅读理解指标可分为阅读时间、阅读速度、阅读理解率和阅读效率4个方面（左银舫、杨治良，2006；白学军等，2008）。阅读时间是指阅读整篇文章所花费的时间（单位：分钟）；阅读速度是指每分钟阅读的字数（单位：字/分）；阅读理解率是指正确回答的题数除以总题数；阅读效率是指阅读速度乘以阅读理解率。

6.2　眼动数据分析

6.2.1　核心眼动指标的量化分析

根据图6-4的统计比较，我们进行了*t*检验（表6-1）。结果显示，实验组的注视次数、注视频率、平均注视时间、回视频率均显著低于对照组（注视次数，$t = 13.375$，$p < 0.001$；注视频率，$t = 4.094$，$p < 0.001$；平均注视时间，$t = 2.663$，$p < 0.05$；回视频率，$t = 8.062$，$p < 0.001$）；在眼跳距离方面，实验组显著高于对照组（$t = -6.473$，$p < 0.001$）；实验组瞳孔直径大于对照组，但差异并未达到统计显著性水平（$t = -1.961$，$p > 0.05$）。

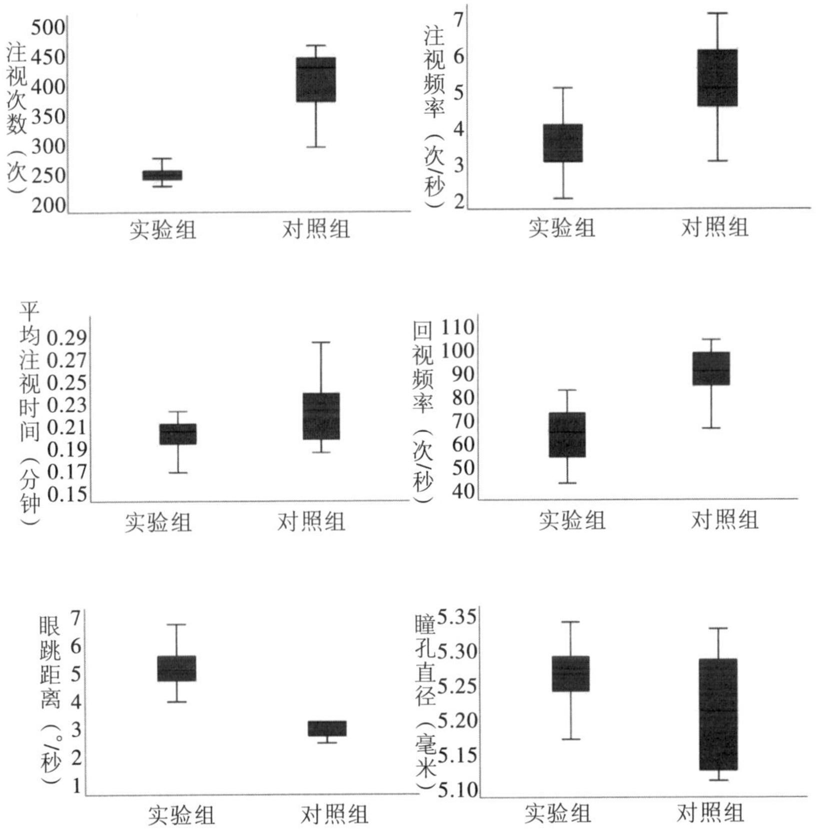

图6-4　两小组眼动指标的统计比较

表6-1　　　　　　**两小组眼动指标的t检验结果**

眼动指标	实验组		对照组		*t*	*p*
	M	SD	M	SD		
注视次数	250.91	19.16	404.70	47.78	13.375***	0.000
注视频率	3.60	1.19	5.10	1.12	4.094**	0.001
平均注视时间	0.20	0.01	0.22	0.03	2.663*	0.015
回视频率	63.15	11.80	90.00	8.94	8.062***	0.000
眼跳距离	5.06	0.93	3.34	1.01	-6.473***	0.000
瞳孔直径	5.25	0.06	5.21	0.08	-1.961	0.065

（注：M-Mean；SD-Standard Deviation；$^{*}p < 0.05$；$^{**}p < 0.01$；$^{***}p < 0.001$）

眼动追踪技术所获取的指标为深入理解阅读过程中的信息解析与认知处理机制提供了宝贵的量化依据。从注视行为的角度来看，注视次数的增加和注视频率的提升，可视为被注视信息复杂度或难度提升的间接反应（Ehmke and Wilson，2007）；而平均注视时间的缩短，表明信息处理效率的提升与认知加工的优化（Van Orden et al.，2001）。个体阅读能力的增强往往伴随着注视点周边信息提取量的增加，以及眼球运动整体效率的提升（Holmqvist，2011）。对于阅读理解困难的个体而言，其阅读模式常表现为重复阅读行为的增多与回视频率的显著升高（Kuperman and Van Dyke，2011；Rayner，Ardoin and Binder，2013）。此外，眼跳距离作为衡量阅读探索性与任务难度的一个关键指标，较长的眼跳距离往往预示着更为广泛的信息搜索与探索性阅读策略（Tatler，Baddeley and Vincent，2006）；至于瞳孔直径的变化，它作为衡量信息加工过程中的心理负荷与认知努力强度的定量指标，其增大往往与更高的认知加工需求及记忆负荷相关联。一般来说随着认知加工难度的增加与记忆负荷的加重，瞳孔直径会相应扩大（Van Gerven et al.，2002）。

在对比实验组与对照组学生的眼动数据时，我们发现，实验组学生的注视次数与注视频率均显著低于对照组。较高的注视次数可能表明读者在阅读过程中遇到了较多困难，需要更多的认知资源来处理信息。注视次数与注视频率是衡量阅读材料理解深度与信息加工效率的关键指标，实验结果表明实验组学生在处理阅读材料时展现出更高的理解力，能够更为顺畅地解析文本内容。

进一步分析显示，实验组学生的平均注视时间较对照组明显缩短。平均注视时间的这一差异，紧密关联于词汇语义的提取效率，即实验组学生能在更短的时间内有效提取观察词的语义信息。较长的注视时间可能意味着读者在努力解码或理解某个词汇、句子或段落。这通常与阅读难度、读者的阅读技能以及文本内容的复杂性有关。阅读能力强的读者往往能在较短时间内完成信息的解码和理解，因此他们的注视时间相对较短。具体而言，实验组的平均注视时间仅为0.2分钟，这一数据凸显了实验组学生能够迅速捕捉阅读材料的核心内容，进而促进了阅读速度的整体提升，体现了其高效的阅读处理机制。

此外，实验组学生的回视频率显著低于对照组，这一现象在眼动研究中具有重要的解读价值。频繁的回视可能意味着读者在阅读过程中遇到了理解上的困难，需要回到先前的信息以进行确认或修正。回视频率的降低，通常被视为在阅读过程中认知流畅性的标志，表明学生在初次注视时即能较好地理解并整合信息，减少了因理解困难或错误而产生的回溯注视。阅读能力强的读者通常具有较低的回归次数，这表明他们具有更好的信息整合和预测能力，能够在阅读过程中保持较高的连贯性和准确性。相比之下，对照组高达90次/秒的回视频率，则可能反映了其在信息提取与处理上遇到的挑战，需要通过反复审视文本以达成对阅读材料内容的全面理解，从而揭示了其信息加工过程中的相对低效性。

眼跳距离作为衡量阅读效率与信息处理能力的一项重要指标，其长度能够深刻反映个体在阅读过程中的效率差异及材料处理难度。眼跳距离反映了读者在文本中的视线移动效率与信息提取能力。较大的眼跳距离通常意味着读者能够更快地跳过不重要的信息，聚焦于关键内容。在本研究中，实验组学生展现出的较长的眼跳距离，表明在注视间能够跨越更广的文本范围，从而捕获更丰富的信息内容，阅读效率处于较高水平。反之，对照组较短的眼跳距离表明对阅读材料的加工难度相对较大，需要更为精细的注视策略以辅助理解。

进一步观察瞳孔直径这一指标，实验组学生相较于对照组的显著增大，说明实验组在阅读材料时更注重信息加工，认知加工付出的努力也高于对照组。此外，还可能反映出实验组学生接受联想式创造性教学法后，对于阅读材料的理解自信度提升，面对阅读任务时有更为积极的情绪状态。瞳孔直径的变化可以反映读者的认知负荷和情绪状态。在阅读过程中，当读者遇到难以理解的内容时，瞳孔直径可能会扩大以容纳更多的光线，从而提高视觉敏锐度。尽管上述差异在统计学上未达显著水平，这或可归因于阅读材料本身难度适中，未对两组学生构成显著的心理负荷挑战。

上述眼动指标的差异根源，可追溯到不同阅读能力学生在阅读认知加工层面的差异性。具体而言，通过实施基于思维导图的联想活动，该教学法被证实能够显著提升阅读理解效率，具体表现为减少总阅读时间、注视次数、注视频率、平均注视时间及回视次数，同时增大眼跳距离与瞳孔直径。通过分析实验组的眼动数据，我们可以深入了解他们的阅读过程、认知策略以及文本理解的深度，体现了基于思维导图的联想教学法在优化阅读过程、提升阅读成效方面的显著效果。

6.2.2　热点图可视化解读

我们通过精确测量热点图中所呈现的平均注视时长与注视点的空间分布，旨在系统性地对比两小组的视觉聚焦区域。如图6-5所示，4篇日语阅读文章被划分为两个特定的视觉区域：文本区域1（第一个特定视觉区域）："关键词和关键句"部分的区域；文本区域2（第二个特定视觉区域）：其他部分的区域。

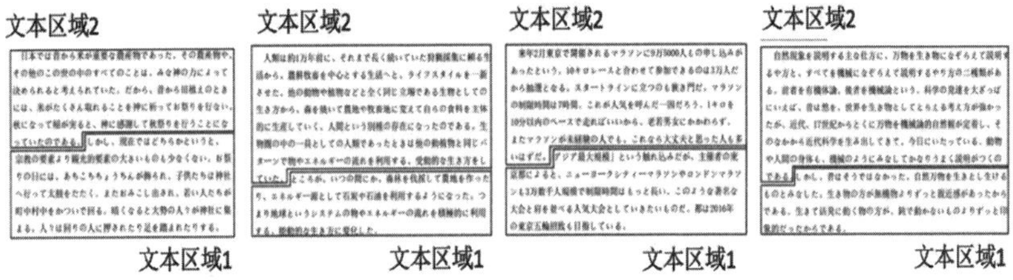

图6-5　4篇文章的文本区域划分

图6-6详尽地呈现了全体参与者阅读4篇日语文章的热点图。在实验组的热点图中，可以观察到显著的红色热点聚集现象，这些热点颗粒体积较大且分布紧凑，主要汇聚于文本区域1（关键词和关键句）之上，而文章其余部分的热点分布则显得相对稀疏。相比之下，对照组的热点图则表现出截然不同的特征，其红色热点颗粒呈现出更为分散的状态，热点区域缺乏明显的集中趋势，这表明对照组被试的视觉注意力分布更为广泛，未形成对特定信息区域的显著聚焦。

图6-6　两小组阅读4篇文章热点图

统计数据结果如图6-7和表6-2所示。实验组对4篇日语阅读文章文本区域1的平均注视时间显著高于文本区域2（$t=-6.543$，$p<0.001$）。另外，对照组对4篇日语阅读文章文本区域1和区域2的平均注视时间无显著差异（$t=0.526$，$p>0.05$）。

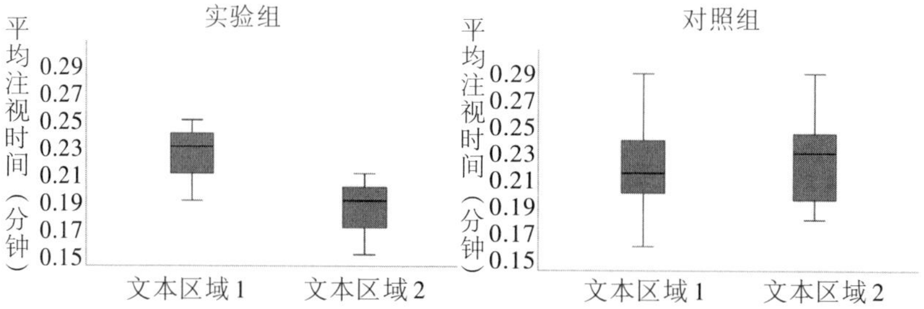

图6-7　两小组在不同文本区域的平均注视时间统计比较

表6-2　　**两小组平均注视时间的t检验结果**

小组	文本区域1		文本区域2		t	p
	M	SD	M	SD		
实验组	0.223	0.023	0.183	0.017	-6.543^{***}	0.000
对照组	0.222	0.032	0.224	0.034	0.526	0.605

（注：M-Mean；SD-Standard Deviation；$^{*}p<0.05$；$^{**}p<0.01$；$^{***}p<0.001$）

实验组学生注意力集中于关键词与关键句之上，形成了一种聚焦式的阅读模式，而对照组则呈现出一种更为零散、非结构化的阅读过程，其阅读体验呈现出碎片化的特点。研究结果显示，教学方式的差异显著影响了学生的阅读成效，具体体现在他们对阅读材料核心区域的关注度与理解深度上。通过采用基于思维导图的联想式教学法，学生能够有效地针对关键词与关键句构建联想模式，促进记忆联结的形成，并借助层次化的图示工具整合阅读材料中的语言知识体系（Bahareh and Abbas，2015；San，2013）。这一过程不仅增强了学生对关键词与关键句的掌握能力，而且显著提升了他们对文章整体架构的把握及对主旨思想的深入理解。相比之下，对照组学生则置身于传统的、以教师为主导的阅读教学环境中，该环境未明确要求学生主动识别并聚焦于阅读材料中的关键词与关键句。因此，在眼动追踪技术的热图分析中，两组学生展现出了截然不同的眼动特征，进一步印证了不同教学策略对学生阅读行为及成效的影响。

6.2.3 注视轨迹图的行为特征解析

图6-8为全体参与者阅读4篇日语文章的注视轨迹图。

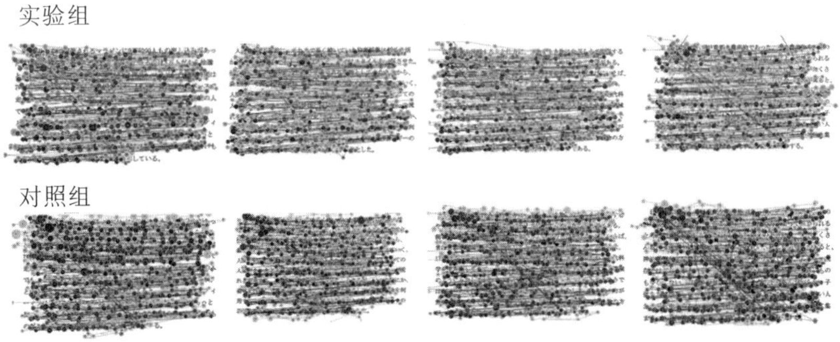

图6-8 两小组阅读4篇文章注视轨迹图

统计数据结果如图6-9和表6-3所示，两组受试者在注视次数与眼跳距离方面存在显著差异。实验组眼跳移动速度更快，注视次数更少，具体至4篇阅读材料的平均注视次数仅为250.91次。同时，实验组的眼跳距离也更大，4篇阅读材料的平均眼跳距离达到5.06°/秒，这反映了受试者更为高效的信息获取与处理策略。相比之下，对照组学生在阅读过程中倾向于对每个句子进行更为细致的审视，导致单词与句子之间的眼球运动速度相对较慢，进而引发了较多的平均注视次数，4篇阅读材料的平均注视次数高达404.70次。此外，对照组的眼跳距离也较小，4篇阅读材料的平均眼跳距离仅为3.34°/秒，表明他们在阅读过程中可能更多地依赖于局部信息的处理，而非快速整合整体内容。

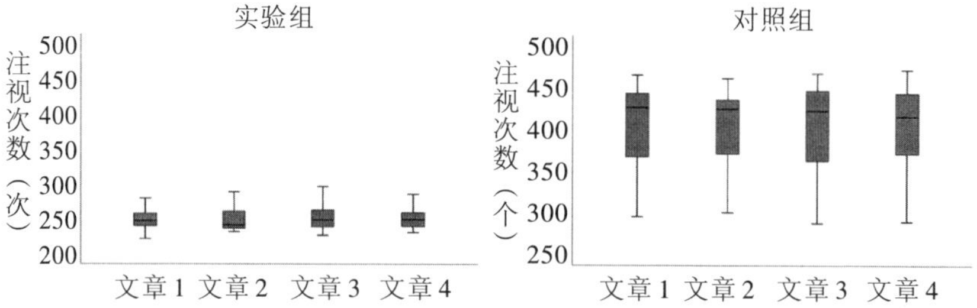

（a）注视次数

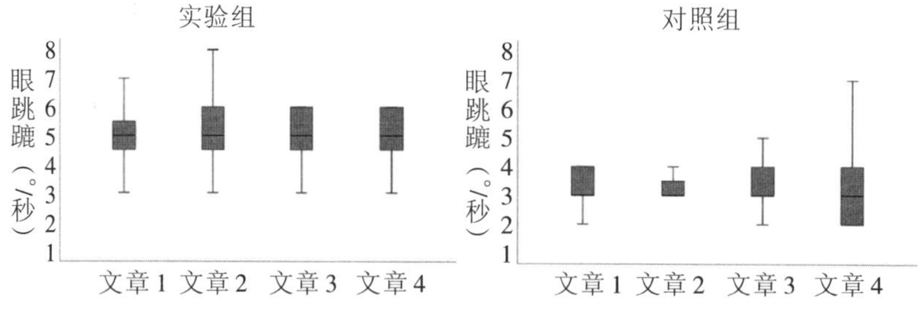

（b）眼跳距离

图6-9 两小组在4篇阅读材料上注视次数与眼跳距离的统计比较

表6-3　　　　两小组注视次数与眼跳距离的t检验结果

眼动指标	小组	文章1	文章2	文章3	文章4	平均值
注视次数	实验组	250.50	248.70	252.85	251.60	250.91
	对照组	405.60	404.95	402.55	405.70	404.70
眼跳距离	实验组	4.95	5.15	5.15	5.00	5.06
	对照组	3.40	3.25	3.45	3.25	3.34

t检验结果显示，实验组的注视次数明显低于对照组（$t = 13.375$，$p < 0.001$）。同时，在眼跳距离这指标上，实验组显著高于对照组（$t = -6.473$，$p < 0.001$）。结果表明，实验组的阅读过程相对更为顺畅，显示出对文章整体内容的更好把握能力，这种能力有助于减少不必要的注视停留，从而潜在地促进了阅读时间的节省与阅读速度的提升。联想式教学在促进学生创造性学习方面具有显著的实际应用价值，它不仅有助于培养学生的创造性思维、提升学习兴趣和动力、提高学习效率和效果，还能促进学生的全面发展和社会适应能力的提升。相比之下，对照组在阅读过程中则遇到了相对的障碍，这种阅读上的困难不仅延长了阅读时间，而且导致了阅读速度的明显下降，反映了在信息处理与文本整合方面的效率较低。

眼跳距离作为衡量阅读策略效率的关键指标之一，其变化直接映射了读者对文本处理的适应性调整。具体而言，注视轨迹图所展示的眼跳距离波动，揭示了读者在阅读过程中显著的“跳读”现象，即眼跳距离的延长伴随着一次性跳过更多词汇单元的现象（Hutton，2008）。目前，针对“跳读”这一复杂阅读策略背后的心理机制及其影响因素的深入分析仍显不足，尤其是缺乏系统性探讨“跳读”现象如何具体影响阅读效率与理解深度的研究。跳读法能够提高阅读效率、培养灵活性和选择性、增强阅读理解能力以及提升阅读自信。跳读使读者能够更轻松地应对长篇大论和复杂文本，从而增强阅读自信心。这种自信心会促使读者更愿意挑战高难度的阅读材料，进而不断提升自己的阅读能力。鉴于此，本实验对两组学生的“跳读”率进行了检测与分析。我们参考了Osaka，Koga和Nakazawa（1993）的研究，确认在凝视阶段，读者通常能够一次性摄入并处理2至5个词汇（多数情况下为3至4个），作为衡量阅读效率的基本单位。在此基础上，本研究创新性地定义了“跳读”为单次视线移动跨越至少5个词汇或更长的距离，以此作为量化分析阅读策略调整与阅读效率变化的标尺。

图6-10详尽呈现了两小组学生在阅读过程中的“跳读”占总视线移动数据的比例情况。分析结果显示，实验组展现出更高的“跳读”率，接近70%。相比之下，对照组的“跳读”率较低，约为30%。“跳读”现象受文章难度的等级影响，即阅读材料的难度与“跳读”率之间存在反向关联，难度降低，则“跳读”率趋于上升（Hutton，2008）。两小组学生对阅读材料难度感知的差异直接导致了“跳读”率的显著差异。跳读体现了阅读时的主观灵活性，使读者能够根据阅读目标和需求，有选择地阅读重要内容，忽略次要信息。通过跳读，读者可以更加专注于关键信息，从而更深入地理解和分析文本内容。此外，跳读还有助于读者形成新的思维流程，提高理解和推理能力。具体而言，实验组学生所体验到的阅读材料难度相对较低，这一现象可能归因于他们接受的联想式教学法的成效。通过平日思维导图联想教学策略的应用，学生锻炼得能够更有效地分配阅读过程中的注意力与时间资源，精准识别并聚焦于阅读内容的重点部分，从而提升了阅读效率（Marton and Booth，1997）。此教学策略不仅减轻了阅读处理的认知负荷，而且提高了阅读流程的流畅性，最终表现为实验组学生在阅读过程中更大的眼跳距离和更高的“跳读”率。

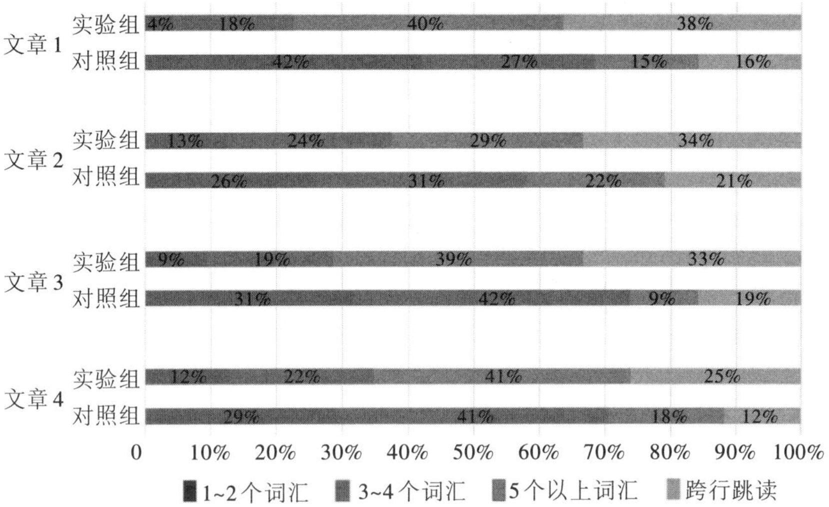

图6-10　两小组阅读过程中的“跳读”率

6.2.4　基于眼动的阅读理解表现分析

为了进一步考查两小组学生的阅读能力，我们进行了阅读理解指标分析。如表6-4所示，t检验结果显示，两组在阅读理解指标上存在显著差异。与对照组比较，实验组阅读时间更短（$t = 6.075$，$p < 0.001$）；阅读速度更快（$t = -5.674$，$p < 0.001$）；阅读理解率和阅读效率更高（$t = -3.035$，$p < 0.01$；$t = -5.822$，$p < 0.001$）。

表6-4　　**两小组阅读理解指标的t检验结果**

阅读理解指标	实验组		对照组		t	p
	M	SD	M	SD		
阅读时间	1.25	0.25	1.90	0.34	6.075^{***}	0.000
阅读速度	250.90	52.87	163.52	30.89	-5.674^{***}	0.000
阅读理解率	0.81	0.14	0.66	0.16	-3.035^{**}	0.007
阅读效率	200.32	49.03	109.26	38.67	-5.822^{***}	0.000

（注：M-Mean；SD-Standard Deviation；$^{*}p < 0.05$；$^{**}p < 0.01$；$^{***}p < 0.001$）

研究结果进一步证实了联想式教学法在提升阅读效果方面的显著作用，具体表现为有效缩减阅读耗时、加速阅读进程、增强阅读理解率及优化阅读效率，这些成效共同促进了学生阅读能力全面发展。在此过程中，思维导图作为一种高效的学习工具，其独特价值尤为凸显，能够积极激活并强化学生的阅读技能体系。基于思维导图的联想教学模式能够通过引导学生构建视觉化的文章结构框架，在脑海中形成条理清晰、层次分明的知识网络。这一过程不仅直观展现了文章的整体架构，还促使学生对各个段落的具体细节产生更为深刻的理解与掌握，进而促进了对文章结构的细致剖析与内容的深度解析。借助思维导图，学生能够以全局视角审视文章的组织逻辑与布局特色，实现对文章主旨与细节的精准把握，从而加速信息提取与整合的效率。综上所述，基于思维导图的联想教学模式，为促进学生阅读能力的全面发展提供了有力支持。

6.3 本章小结

本章采用眼动追踪技术，系统地追踪并量化了两小组学生在阅读过程中的眼动视线轨迹，以此为基础，对两小组的眼动特征进行了详尽的对比分析，旨在深入探究联想式教学法对学生阅读能力提升的具体影响机制。我们的分析聚焦于一系列核心眼动指标，包括注视次数、注视频率、平均注视时长、回视频率、眼球距离以及瞳孔直径的变化，这些指标共同构成了评估阅读效率与认知加工深度的关键维度。此外，还通过热点图和注视轨迹图，直观展示了学生在阅读过程中的视觉注意分配模式。这些可视化工具不仅使我们能够直观地识别学生阅读时的注视焦点，而且揭示了学生在关键词汇与关键句上的认知聚焦现象。分析结果显示，实验组学生在注视次数、注视频率、平均注视时长及回视频率等方面均显著低于对照组，而瞳孔直径则相对增大，这一生理反应可能反映了更深的认知参与或情感投入。同时，热点图和注视轨迹图一致显示，实验组学生更倾向于将视觉注意力集中于文章的核心信息区域，眼球运动距离的增加也暗示了单次注视能捕获更多信息，体现了其在阅读单位上注意力的高效分配与时间的优化利用。实验组学生展现出了更高的“跳读”率，即能够精准地识别并跳过非关键信息，直接聚焦于重点内容，进行跳跃式阅读。这一行为模式不仅提升了阅读效率，而且反映了联想式教学法在培养学生创造性思维与选择性信息处理能力方面的显著成效。此外，通过综合运用各种阅读指标，我们全面了解了两小组的阅读表现和能力水平差异。综上所述，本研究的实证数据有力支持了联想式教学法是提升学生阅读能力以及综合语言能力的有效途径这一观点。

7

结论与展望

7.1 结论

基于理论的深入剖析与实践课堂的综合评估，我们构建并提出了高校外语课程创造性培养模式（如图7-1所示）。该模式旨在系统性地增强学生的创造性发展，具体涵盖创造性思维能力的锻炼、外语应用能力的提升以及学习动机的激发，使它们相互依存、相互促进、良性循环，共同构成促进创造性培养的关键因素。此模式不仅关注学生外语知识的积累，而且强调通过联想式教学策略促进学生在外语学习过程中的问题解决能力及创意表达能力，从而全面促进学生的外语学习与创造性培养的深度融合。

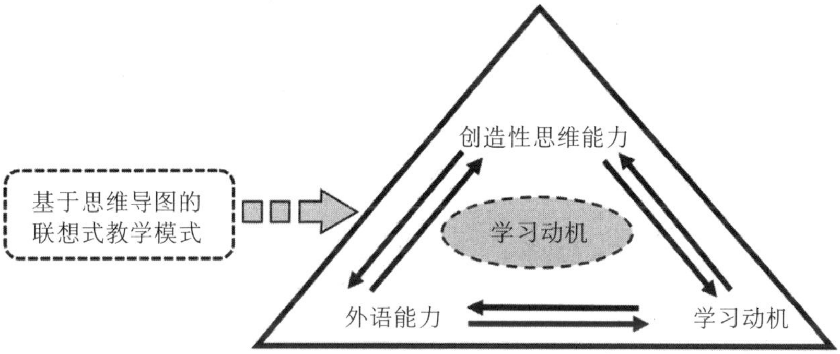

图7-1　高校外语课程创造性培养模式

本书创新性地提出了基于思维导图的联想式教学策略，旨在通过引导学生运用联想机制，有效激发其创造性思维能力，进而在知识构建过程中促进自身能力的广度与深度拓展。同时，该教学模式显著活跃了课堂互动氛围，极大地提升了学生的学习动机与兴趣，对于增强学生的外语综合能力具有积极作用。该创新教学模式不仅改变传统外语教学中单一侧重于词汇记忆与语法讲解的线性教学法，更为创造性外语教学实践提供了崭新的视角与路径。

此外，为系统评估联想式教学法的效能，本书融合了传统评估方式与前沿科学技术手段，对创造性教学的评估体系进行了优化与创新（如图7-2所示）。具体而言，在评估学生的创造性思维能力时，我们不仅采用了创造性思维测试，而且引入了脑成像技术进行分析，实时采集并分析学生在执行翻译任务过程中的发散性思维。同时，为检测学生的外语习得成效，本研究不仅施行了语言能力标准化测试，而且创新性地运用了眼动追踪技术，动态记录学生的阅读轨迹，进而洞悉其阅读理解能力与阅读策略的运用情况。脑电及眼动数据的分析为验证联想式教学法的有效性提供了更加科学、客观的数据支持。

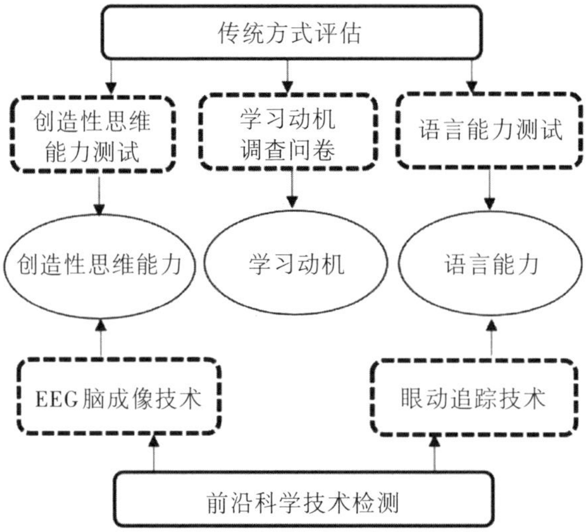

图7-2　外语教学创造性评估模式

本书的编纂过程深度融合了作者在理论探索与实证检验下的创新教学方略，促进外语人才创造性潜能的挖掘与培养，具有重要学术价值与实际应用价值。

（1）学术价值

高校外语教学如何高效地在课堂环境中促进学生创造性的发展，已成为一个亟待深入探讨的学术议题。高校外语教学承载着培育创造性外语人才的重任，这要求教育实践不能局限于语言知识的传授，更需聚焦于学生创造性思维能力与探索进取精神的全面培育，以确保他们能够有效应对快速变迁的社会需求。本书通过构建一套系统的高校外语课堂创造性培养策略与评估机制，为创造性外语教学提供理论支撑与实践指导。该体系旨在探索如何在外语教学过程中融入创造性训练元素，设计激发学生创造性的教学活动与方法，并确立科学有效的评估机制，以全面评估并促进学生创造力的持续提升，最终为培养适应未来社会需求的创新型外语人才奠定坚实基础。本书提出的创造性教学法，聚焦于思维导图联想活动这一教学工具，核心在于强化学生的主体性地位，通过精心设计的教学活动，有效激发学生的内在学习动机与主动性，促使学生从传统的“知识被动接受与积累”模式，积极转变为“主动探索与知识建构”的新型学习范式。在外语教学实践中融入联想式活动，能够显著促进“外语理解能力与创造性思维能力的协同发展”、“外语熟练度与学习效能的同步提升”，以及“外语知识积累与学习热情激发的良性互动”。此教学模式秉持以学生为中心的教学理念，鼓励学生以创造性与自由度为导向，积极表达并交流个人见解与思想，从而有效激发其外语学习兴趣，进而提升整体学习成效。该创造性教学法精心设计了以创造性思维为核心的课堂活动，为学生创造了一个能够充分释放与发展其创造性思维的教育环境。这一过程不仅促进了学生认知结构的优化与深化，而且为培养具备创造精神与实践能力的外语人才奠定了重要的方法论基础，并通过系统的研究与实践探索，验证其作为创造性教学手段在高校外语课堂中的适用性与有效性，开辟一条培养学生创造性思维能力、外语能力及学习动机的新路径，为创造性外语教学的实施提供了坚实支撑与深刻洞见。

（2）实际应用价值

当前，高校外语教学体系在促进学生创造性学习方面所提供的空间相对有限，这一现状直接制约了学生创造性潜能的培育与拓展。鉴于此，本书深入探索了旨在促进学生创造性发展的外语课堂教学方法的实践路径，着重强调了学习过程中“学”与“思”的深度融合与相互促进。具体而言，本书引入了联想式思维导图活动作为教学策略，该活动倡导启发式与参与式教学方法的有机结合，旨在通过激发学生的内在思维活力与创造力，进而提升其创造性思维能力和学习动力。为进一步验证此创新教学法的实际应用效果，本书将传统评估手段与前沿科学技术相结合，构建了多维度、多层次的评价体系。采用了EEG脑成像技术与眼动追踪技术，对学生在教学过程中的认知过程、注意力分配及学习效果进行精细化监测与分析，从而为创造性教学的有效性提供了更为科学、客观且全面的评估依据。不仅为高校外语教学中学生创造性的培养与发展开辟了新视角，而且为教学成效的评估提供了更为丰富、多维且具说服力的数据支持。在外语教学实践中，探索并构建旨在促进学生创造性发展的方法体系及评价途径，对于培育创新思维与能力的外语人才而言，具有举足轻重的支持与指导作用。本书致力于通过创新性地设计一种教学模式，并深入探究其配套的评估体系，旨在为创造性外语教学设计与实践提供一套系统、有效的参考框架。我们期望这一研究成果不仅能够丰富外语教学的理论与实践，而且能在更广泛的高校外语课程中得到推广应用，从而推动外语教学体系向更加注重学生创造性培养的方向迈进。

7.2 展望

基于理论的深入剖析与实践课堂的综合评估，我们构建了联想式外语教学模式，并融合传统评估手段与前沿科学技术对教学效果进行了优化评估体系，虽在理论与实践层面均取得了预期成果，但仍需在未来研究中针对存在的局限性进行深入探索和完善，以进一步推动创造性教学法在外语教学领域的广泛应用和持续发展。

首先，本书中的创造性教学法的实施周期为8周，这一时长虽足以初步验证其有效性，但对于全面、深入地概括教学法对学生长期影响而言显得不足。因此，未来的研究应延长观察周期，进行更长时间的追踪研究，以便对教学效果进行更为详尽和深入的分析。同时，可通过多阶段测试与定期回访的方式，观察学生创造性思维能力的长期保持情况，并探索如何优化教学干预以确保其持续性和稳定性。

其次，本书的样本局限于学习日语的二年级学生，这在一定程度上限制了研究结果的普适性。为了全面评估创造性教学法的广泛适用性，未来的研究应拓展至不同年级、不同外语学习水平乃至学习不同语种的学生群体，以探索其在多样化学习环境中的有效性和可行性。此外，还可以结合不同文化背景的学习者，分析跨文化因素对创造性教学法应用效果的影响，从而进一步丰富该教学法的理论体系。同时，样本量相对较小，限制了结果的广泛推广。未来研究应扩大实验规模，增加样本数量，以进一步提高数据分析的可靠性和代表性。

再者，目前联想式外语教学聚焦于读、写、译能力的培养，虽取得一定成果，但忽略了听、说等重要语言技能。未来的研究应致力于将联想式外语教学法应用于更广泛的教学领域，探索其在全面提升学生外语综合能力方面的潜力，特别是在听、说技能的培养上，以提供更加全面和多样化的创造力培养形式与方法。例如，可通过语音识别技术和虚拟现实（VR）环境，模拟真实的语言交流场景，以促进学生在实际交流中的创造性表达能力。

此外，尽管通过脑成像技术和眼动追踪技术的检测为创造性教学法的有效性提供了实验数据，我们倡导进一步拓展如脑电与眼动同步性、认知负荷等指标在教学评估中的应用，以更深入地解析创造性学习的认知机制。同时，可结合人工智能（AI）与大数据分析，构建更加智能化的评估体系，实现对学生创造性发展的精准监测与个性化干预。例如，可开发基于机器学习的学习分析系统，实时追踪学生在学习过程中表现出的创造性特征，并提供个性化的学习建议，以优化教学策略。

最后，教师在创造性教学法实施过程中的角色同样值得进行深入探讨。未来研究可以关注教师的培训模式，分析不同教学风格如何影响学生的创造性发展，并探索如何提升教师在创造性教学中的引导能力。同时，还可关注学习者的个体差异，如认知风格、动机水平等因素如何调节创造性教学法的实施效果，以制定更加灵活、多元化的教学方案。

综上所述，本书已初步验证了联想式外语教学法在提升学生创造性能力方面的有效性，但仍存在诸多值得深入探讨的问题。未来研究应综合运用多学科交叉方法，进一步拓展该教学法的理论框架与实践应用，以促进外语教学模式的创新与优化，推动高校外语创造性教学向更加高效、科学和个性化的方向发展。

参考文献

[1] 白学军，李馨，闫国利．英语专业大学生阅读汉语和英语材料的眼动研究［J］．心理与行为研究，2008，6（1）：6-10.

[2] 白学军，闫国利．阅读心理学［M］．上海：华东师范大学出版社，2017.

[3] 常文静．浅谈学习者情感因素对外语学习的影响［J］．教学实践研究，2018，41（4）：210-211.

[4] 晁浩，刘永利，连卫芳．EEG情感识别中基于集成深度学习模型的多分析域特征融合［J］．控制与决策，2020，35（7）：1674-1680.

[5] 冯佳．中英双向互译中翻译认知过程研究：基于眼动追踪和键盘记录的实证分析［M］．北京：外语教学与研究出版社，2018.

[6] 黄忠廉．翻译思维研究进展与前瞻［J］．外语学刊，2012（6）：103-107.

[7] 李诸洋，刘璐．眼动与脑电同步记录技术在心理语言学研究中的新进展［J］．心理科学，2017，40（4）：850-855.

[8] 柳青. 翻译，需要发散性思维［J］. 英语沙龙，2009（5）：19.
[9] 彭聃龄. 语言心理学［M］. 北京：北京师范大学出版社，1991.
[10] 束定芳，庄智象. 现代外语教学：理论、实践与方法［M］. 上海：上海外语教育出版社，2000.
[11] 隋丹妮，白微，王亦兵. 口译过程中的创造性思维［J］. 沈阳大学学报（社会科学版），2019，21（5）：612-615.
[12] 隋雪，高敏，向慧雯. 视觉认知中的眼动理论及实证研究［M］. 北京：科学出版社，2018.
[13] 王初明. 语言习得过程：创造性构建抑或创造性模仿？［J］. 现代外语，2021，44（5）：585-591.
[14] 王如平. 创造性思维的开发与培养［M］. 北京：光明日报出版社，2012.
[15] 王竹立. 论联想与创新的关系［J］. 数字教育，2016，2（6）：1-9.
[16] 吴迪，舒华. 眼动技术在阅读研究中的应用［J］. 心理学动态，2001，9（4）：319-324.
[17] 闫国利，巫金根，胡晏雯，等. 当前阅读的眼动研究范式述评［J］. 心理科学进展，2010，18（12）：1 966-1 976.
[18] 闫国利，巫金根，臧传丽，等. 阅读知觉广度眼动研究述评［J］. 心理学探新，2001，30（2）：23-28.
[19] 余光中. 余光中谈翻译［M］. 北京：中国出版集团，中国对外翻译出版公司，2002.
[20] 张仙峰，叶文玲. 当前阅读研究中眼动指标述评［J］. 心理与行为研究，2006，4（3）：236-240.
[21] 左银舫，杨治良. 不同文化语境与难度下第二语言阅读的眼动追踪研究［J］. 心理科学，2006，29（6）：1346-1350.

[22] 张正东. 中国外语教育政策漫议我国外语教育的国情特点［J］. 基础教育外语教学研究，2005，12：16-21.

[23] ALBERT A. Learner creativity as a potentially important individual variable: Examining the relationships between learner creativity, language aptitude and level of proficiency［M］. Pécs: Lingua Franca Csoport，2006.

[24] AMABILE T M. A model of creativity and innovation in organizations［J］. Research in Organizational Behavior，1988，10（1）：123-167.

[25] AMABILE T M. Attributions of creativity: What are the consequences?［J］. Creativity Research Journal，1995，8（4）：423-426.

[26] AMABILE T M. Creativity in context: Update to the social psychology of creativity［M］. Boulder，Co: Westview，1996.

[27] AMABILE T M. Harvard business review on breakthrough thinking［M］. Boston: Harvard Business School Press，1999.

[28] ANDREW D C. Strategies in learning and using a second language［M］. London: Longman Press，2011.

[29] ANDRIANI D. The influence of mind mapping in teaching reading comprehension to the eighth grade students of SMP muhammadiyah 1 rawa bening［J］. Titian Ilmu: Journal Ilmiah Multi Sciences，2017，9（2）：66-71.

[30] ANNERER-WALCHER S，KÖRNER C，ROMINGER C，et al. Neurophysiological indicators of internal attention: An fMRI-eye-tracking coregistration study［J］. Cortex，2021，143：29-46.

[31] ASHBY J，RAYNER K，CLIFTON J C，et al. Eye movements of highly skilled and average readers: Differential effects of frequency and predictability

[J]. Quarterly Journal of Experimental Psychology Section, A 2005, 58 (6): 1065-1086.

[32] AURORA B, LORENZO M, YURI B. Observing pictures and videos of creative products: An eye tracking study [J]. Applied Sciences, 2020, 10 (4): 1480.

[33] BAHAREH M, ABBAS B. The effect of mind mapping strategy on comprehending implicit information in EFL reading texts [J]. International Journal of Educational Investigations, 2015, 2 (3): 81-90.

[34] BALOTA D A, POLLATSEK A, RAYNER K. The interaction of contextual constraints and parafoveal visual information in reading [J]. Cognitive psychology, 1985, 17 (3): 364-390.

[35] BANG J W, HEO H, CHOI J-S, et al. Assessment of eye fatigue caused by 3D displays based on multimodal measurements [J]. Sensors, 2014, 14 (9): 16467-16485.

[36] BEGHETTO R A, KAUFMAN J C. Classroom contexts for creativity [J]. High Ability Studies, 2014, 25 (1): 53-69.

[37] BERCHICCI M, LUCCI G, PESCE C, et al. Prefrontal hyperactivity in older people during motor planning [J]. NeuroImage, 2013, 62 (3): 1750-1760.

[38] BEYMER D, RUSSELL D M, ORTON P Z. Wide vs. Narrow paragraphs: An eyetracking analysis. In Engineering trustworthy software systems [C]. Springer: Berlin, Germany, 2005: 741-752.

[39] BODEN M A. The creative mind: Myths and mechanisms [M]. London: Routledge, 2004.

[40] BOWDEN E M, JUNG-BEEMAN M. Methods for investigating the neural components of insight [J]. Methods, 2007, 42 (1): 87-99.

[41] BRUNER J S.The Education Process [M]. São Paulo: Nacional, 1978.

[42] BUDD J W.Mind maps as classroom exercises [J]. The Journal of Economic Education, 2004, 35 (1): 35-46.

[43] BULLOCK T, PICKETT K, SALIMIAN A, et al. Eye movements disrupt EEG alpha-band coding of behaviorally relevant and irrelevant spatial locations held in working memory [J]. Journal of Neurophysiology, 2023, 129 (5): 1191-1211.

[44] BUZAN T, BUZAN B.The mind map book [J] Harlow, UK: BBC Active, 2010.

[45] CARLSSON I, WENDT P E, RISBERG J.On the neurobiology of creativity. Differences in frontal activity between high and low creative subjects [J]. Neuropsychologia, 2000, 38 (6): 873-885.

[46] CARTER R.Language and creativity: The art of common talk [M]. London: Routledge, 2015.

[47] CHAMBERLAIN L. Eye tracking methodology; theory and practice [J]. Qualitative Market Research, 2007, 10 (2): 217-220.

[48] CHEUNG R H P. Play-based creativity-fostering practices: The effects of different pedagogical approaches on the development of children' s creative thinking behaviours in a Chinese preschool classroom [J]. Pedagogy Culture and Society, 2018, 26 (4): 511-527.

[49] COLEMAN J, KLAPPER J. Effective learning and teaching in modern languages [M]. London: Routledge, 2005.

[50] COOK G.Language play, language learning [J]. ELT Jounal, 1997, 51 (3): 224-231.

[51] CRAFT A, JEFFREY B, LIEBLING M. Creativity in education [M]. London: Continuum, 2001.

[52] CRAFT A.Creativity and education futures: Learning in a digital age [M]. Stoke on Trent: Trentham Books, 2010.

[53] CREMIN T.Teaching English creatively [M]. 2nd ed.London: Routledge, 2015.

[54] CRONE E A, DAHL R E.Understanding adolescence as a period of social-affective engagement and goal flexibility [J]. Nature Reviews Neuroscience, 2012, 13 (9): 636-650.

[55] CSIKSZENTMIHALYI M. Attention and the holistic approach to behaviour. [M]. New York: Plenum Press, 1978.

[56] DAMIAN C, MARÍA-DA F, MATIAS J I, et al. Active search signatures in a free-viewing task exploiting concurrent EEG and eye movements recordings [J]. Eur J Neurosci, 2023, 58 (2): 2563-2578.

[57] DE DREU C, BAAS M, NIJSTAD B.Hedonic tone and activation level in the mood-creativity link: Toward a dual pathway to creativity model [J]. Journal of Personality and Social Psychology, 2008, 94 (5): 739-756.

[58] DIETRICH A. The cognitive neuroscience of creativity [J]. Psychological Bulletin & Review, 2004, 11: 1011-1026.

[59] DIETRICH A, KANSO R.A review of EEG, ERP, and neuroimaging studies of creativity and insight [J]. Psychological Bulletin, 2010, 136 (5): 822-848.

[60] DONG W, YING Q, YANG Y, et al. Using eye tracking to explore the impacts of geography courses on map-based spatial ability [J]. Sustainability, 2018, 11 (1): 76.

[61] DÖRNYEI Z. Motivational strategies in the language classroom [M]. Cambridge: Cambridge University Press, 2001.

[62] DÖRNYEI Z.The psychology of the language learner: Individual differences in second language acquisition [M]. Mahwah, NJ: Lawrence Erlbaum, 2005.

[63] DWIGHT B, DONALD A S.Aspects of language [M]. New York: Harcourt Brace Jovanovich, Inc, 1981.

[64] EHMKE C, WILSON S G. Identifying web usability problems from eye-tracking data.In Proceedings of the 21st British HCI Group Annual Conference on People and Computers [C] .UK: Lancaster, 2007.

[65] ELEONORA P L, DESPINA V M, SIMONA M, et al. Teaching for creativity in universities [J]. Journal of Education and Human Development, 2014, 3 (4): 131-154.

[66] ESQUIVEL G B.Teacher behaviours that foster creativity [J]. Educational Psychology Review, 1995, 7: 185-201.

[67] EVERATT J, UNDERWOOD G. Individual differences in reading subprocesses: Relationships between reading ability, lexical access, and eye movement control [J]. Language & Speech, 1994, 37 (3): 283-297.

[68] FARRAND P.The efficacy of the mind mapping study technique [J]. Medical Education, 2002, 36 (5): 426-431.

[69] FINK A, GRABNER R H, GEBAUER D, et al. Enhancing creativity by means of cognitive stimulation: Evidence from an fMRI study [J].

NeuroImage, 2010, 52 (4): 1687-1695.

[70] FINK A, BENEDEK M, GRABNER R H, et al. Creativity meets neuroscience: Experimental tasks for the neuroscientific study of creative thinking [J]. Methods, 2007, 42 (1): 68-76.

[71] FINK A, GRABNER R H, BENEDEK M. Divergent thinking training is related to frontal electroencephalogram alpha synchronization [J]. European Journal of Neuroscience, 2006, 23 (8): 2 241-2 246.

[72] FISHER R. What is creativity? . In R FISHER, M WILLIAMs (Eds.) . Unlocking creativity: Teaching across the curriculum [M]. New York: Routledge, 2004.

[73] FLAHERTY A W. Frontotemporal and dopaminergic control of idea generation and creative drive [J]. The Journal of Comparative Neurology, 2005, 493 (1): 147-153.

[74] FRANK S L, AUMEISTERE A. An eye-tracking-with-EEG coregistration corpus of narrative sentences [J]. Language Resources and Evaluation, 2024, 58 (2): 641-657.

[75] GARDNER H. Intelligence reframed: Multiple intelligences for the 21st century [M]. New York: Basic Books, 1999.

[76] GARDNER R C. Social psychological aspects of second language acquisition. In H GILLIS, S T CLAIR (Eds.), Language and social psychology [M]. Oxford: Basil Blackwell, 1978.

[77] GHONSOOLY B. The effects of foreign language learning on creativity [J]. English Language Teaching, 2012, 5 (4): 161-167.

[78] GUILFORD J P. Creativity [J]. American Psychologist, 1950, 5: 444-454.

[79] GUILFORD J P.The nature of human intelligence [M]. New York: McGraw-Hill, 1967.

[80] GUILFORD J P, HOEPFENER R.The analysis of intelligence [M]. New York: McGraw-Hill, 1971.

[81] GUILFORD J P.Creative talents: Their nature, uses and development [M]. Buffalo, NY: Bearly Ltd, 1986.

[82] HÄIKIÖ T, BERTRAM R, HYÖNÄ J, et al. Development of the letter identity span in reading: Evidence from the eye movement moving window paradigm [J]. Journal of Experimental Child Psychology, 2009, 102 (2): 167-181.

[83] HAJIHOSSEINI A, HOLROYD C B. Frontal midline theta and N200 amplitude reflect complementary information about expectancy and outcome evaluation [J]. Psychophysiology, 2013, 50 (6): 550-562.

[84] HALLIDAY M A K.Learning how to mean [M]. London: Edward Arnold, 1975.

[85] HARTER S. Effectance motivation reconsidered: Toward a developmental model [J]. Human Development, 1978, 21 (1): 34-64.

[86] HENDERSON J M. Human gaze control during real-world scene perception [J]. Trends in Cognitive Sciences, 2003, 7 (11): 498-504.

[87] HEO H, LEE W O, SHIN K Y, et al. Quantitative measurement of eyestrain on 3D stereoscopic display considering the eye foveation model and edge information [J]. Sensors, 2014, 14 (5): 8577-8604.

[88] HERTRICH I, DIETRICH S, ACKERMANN H.The margins of the language network in the brain [J]. Front.Commun, 2020, 5: 519955.

[89] HOLMQVIST K, NYSTRÖM M, ANDERSSON R, et al. Eye Tracking: A comprehensive guide to methods and measures [M]. Oxford, UK: University Press, 2011.

[90] HUIZELING E, ALDAY PM, PEETERS D, et al. Combining EEG and 3D-eye-tracking to study the prediction of upcoming speech in naturalistic virtual environments: A proof of principle [J]. Neuropsychologia, 2023, 191: 108730.

[91] HUTTON S B. Cognitive control of saccadic eye movements [J]. Brain and Cognition, 2008, 68 (3): 327-340.

[92] HYERLE D. Visual tools for constructing knowledge [M]. Association for Supervision and Curriculum Development: Alexandria, VA, USA, 1996.

[93] IKEDA M, SAIDA S. Span of recognition in reading [J]. Vision Research, 1978, 18 (1): 83-88.

[94] IRWIN D E. Lexical processing during saccadic eye movements [J]. Cognitive Psychology, 1998, 36 (1): 1-27.

[95] JAKOBSON R. Closing statement: Linguistics and poetics. In T SEBOEK (Ed.), Style in language [M]. Cambridge, MA: MIT Press, 1960.

[96] JARED D, LEVY B A, RAYNER K. The role of phonology in the activation of word meanings during reading: Evidence from proofreading and eye movements [J]. Journal of Experimental Psychology General, 1999, 128 (3): 219-264.

[97] JAUSÏOVEC N. Differences in cognitive processes between gifted, intelligent, creative, and average individuals while solving complex problems: An EEG study [J]. Intelligence, 2000, 28 (3): 213-237.

[98] JENSEN O., GELFAND J, KOUNIOS J, et al. Oscillations in the alpha band (9–12 Hz) increase with memory load during retention in a short-term memory task [J]. Cereb.Cortex, 2002, 12 (8): 877–882.

[99] JONES R H, RICHARDS J C. Creativity and language teaching. In R H JONES, J C RICHARDS (Eds.), Creativity in language teaching: Perspectives from Research and Practice [M]. New York, NY: Routledge Press, 2015.

[100] JORDAN G. Theory construction in second language acquisition [M]. Philadelphia: John Benjamins, 2004.

[101] JUNG-BEEMAN M, BOWDEN E M, HABERMAN J, et al. Neural activity when people solve verbal problems with insight [J]. Plos Biol, 2004, 2 (4): 500–510.

[102] JUST M A, CARPENTER P A. A theory of reading: From eye fixation to comprehension [J]. Psychological Review, 1980, 87 (4): 329–354.

[103] KATARZYNA H, PAWEL K. Understanding eye movement signal characteristics based on their dynamical and fractal features [J]. Sensors, 2019, 19 (3): 626.

[104] KAUFMAN J C, STERNBERG R J. The creative mind. In C JONES M. LORENZEN, J SAPSED (Eds.), The Oxford handbook of creative industries. [M]. Oxford: Oxford University Press, 2015.

[105] KEITH R, CHARLES C J. Handbook of psychology. In JOHN W & SONS (Eds.), Language processing [M]. Hoboken: John Wiley, 2003.

[106] KLIMESCH W. EEG alpha and theta oscillations reflect cognitive and memory performance: a review and analysis [J]. Brain Res.Rev, 1999, 29 (2):

169-195.

[107] KLIMESCH W, SAUSENG P, HANSLMAYR S.EEG alpha oscillations: the inhibition-timing hypothesis [J]. Brain research reviews, 2007, 53 (1): 63-88.

[108] KIM K H.Can we trust creativity tests? A review of the Torrance Tests of Creative Thinking (TTCT) [J]. Creativity Research Journal, 2006, 18 (1): 3-14.

[109] KRASHEN S.Second language acquisition and second language learning [M]. Oxford: Pergamon Press, 1981.

[110] KRASHEN S.Principles and practice in second language acquisition [M]. Oxford: Pergamon Press, 1982.

[111] KRASHEN S.The input hypothesis: issues and implications [M]. London: Longman, 1986.

[112] KRIEBER M, BARTL-POKORNY, K D, POKORNY F B, et al.The relation between reading skills and eye movement patterns in adolescent Readers: Evidence from a regular orthography [J]. PLoS ONE, 2016, 11 (1): e0145934.

[113] KUPERMAN V, VAN DYKE J A.Effects of individual differences in verbal skills on eye-movement patterns during sentence reading [J]. Journal of Memory and Language, 2011, 65 (1): 42-73.

[114] LANTOLF J P.Sociocultural theory and L2: State of the art [J]. Studies in Second Language Acquisition, 2006, 28 (1): 67-109.

[115] LIAO Y H, CHEN Y L, CHEN H C, et al.Infusing creative pedagogy into an English as a foreign language classroom: Learning performance,

creativity, and motivation [J]. Thinking Skills and Creativity, 2018, 29: 213-223.

[116] LIGHTBOWN P M. Classroom SLA research and second language teaching [J]. Applied Linguistics, 2000, 21 (4): 431-462.

[117] LIGHTBOWN P M, SPADA N. How languages are learned [M]. 4th ed. Oxford: Oxford University Press, 2013.

[118] LIN Y S. Fostering creativity through education – A conceptual framework of creative pedagogy [J]. Creative Education, 2011, 2 (3): 149-155.

[119] LIU S Y, ERKKINEN M G, HEALEY M L, et. al. Brain activity and connectivity during poetry composition: Toward a multidimensional model of the creative process [J]. Human Brain Mapping, 2015, 36 (9): 3 351-3 372.

[120] LIVERSEDGE S P, FINDLAY J M. Saccadic eye movements and cognition [J]. Trends in Cognitive Science, 2000, 4 (1): 6-14.

[121] LUCK S J. An introduction to the event-related potential technique [M]. Cambridge, MA: MIT Press, 2014.

[122] LUO J, KNOBLICH G. Studying insight problem solving with neuroscientific methods [J]. Methods, 2007, 42 (1): 77-86.

[123] MAGHSOUDI M, HARIRIAN J. The impact of brainstorming strategies Iranian EFL learners' writing skill regarding their social class status [J]. International Journal of Language and Linguistics, 2013, 1 (1): 60-67.

[124] MALEY A. Overview: The what, the why and the how. In A MALEY, N PEACHEY (Eds.), Creativity in the English language classroom [M]. London: British Council, 2015.

[125] MANCHEVA L, REICHLE E D, LEMAIRE B, et al.An analysis of reading skill development using E-Z Reader [J]. Journal of Cognitive Psychology, 2015, 27: 657-676.

[126] MARCUS M.Eye tracking sentences in language education [J]. Diacritica, 2002, 36 (1): 6-36.

[127] MARTON F, BOOTH S.Learning and awareness [M]. Lawrence Erlbaum Associates Publishers: Mahwah, NJ, USA, 1997.

[128] MAYBIN J.Everyday language creativity. [M]. London: Roultledge, 2015.

[129] MAYER R E.Rote versus meaningful learning [J]. Theory into practice, 2002, 41 (4): 226-232.

[130] MEDNICK S.The associative basis of the creative process [J]. Psychological Review, 1962, 69 (3): 220-232.

[131] MILLER E K, COHEN J D.An integrative theory of prefrontal cortex function [J]. Annual Review of Neuroscience, 2001, 24 (1): 167-202.

[132] MILLIGAN S, ANTÚNEZ M, BARBER H.A, et al.Are eye movements and EEG on the same page? : A coregistration study on parafoveal preview and lexical frequency [J]. Journal of Experimental Psychology: General, 2023, 152 (1): 188-210.

[133] NATIONAL ADVISORY COMMITTEE ON CREATIVE AND CULTURAL EDUCATION (NACCCE). All our futures: Creativity, culture and education [M]. London: Department for Education and Employment, 1999.

[134] NĘCKA E.Psychologia twórczości [Psychology of creativity] [M]. Gdańsk: GWP, 2001.

[135] NICHOLLS J. Achievement motivation: Conceptions of ability, subjective

experience, task choice, and performance [J]. Psychological Review, 1984, 91 (3): 328-346.

[136] NIDA E A, TABER C A. The theory and practice of translating [M]. Shanghai: Shanghai Foreign Language Education Press, 2004.

[137] NUTTEL C. Teaching reading skills in a foreign language [M]. London: Heinemann International, 1996.

[138] O' MALLEY J M, CHAMOT A U. Learning strategies in second language acquisition [M]. Cambridge: Cambridge University Press, 1990.

[139] ONO Y, ZHANG X, NOAH J A, et al. Bidirectional connectivity between Broca's area and Wernicke's area during interactive verbal communication [J]. Brain Connectivity, 2022, 12 (3): 210-222.

[140] OSAKA R, KOGA K, NAKAZAWA Y. Eyeball dynamic psychology [M]. Nagoya University Press: Nagoya, Japan, 1993.

[141] Ottó I. The relationship between individual differences in learner creativity and language learning success [J]. TESOL Quarterly, 1998, 32 (4): 763-773.

[142] OXFORD R, SHEARIN J. Language learning motivation: Expanding the theoretical framework [J]. The Modern Language Journal, 1994, 78 (1): 12-28.

[143] PAIVIO A, DESROCHERS A. A dual-coding approach to bilingual memory [J]. Canadian Journal of Psychology, 1980, 34 (4): 388-399.

[144] PAIVIO A. Bilingual dual coding theory and memory. [M]. New York: Springer, 2014.

[145] PALVA J M, PALVA S. New vistas for alpha-frequency band oscillations [J]. Trends in neurosciences, 2007, 30 (4): 150-158.

[146] PFURTSCHELLER G. Quantification of ERD and ERS in the time domain. [M] .Amsterdam: Elsevier, 1999.

[147] POKHODAY M, BERMÚDEZ-MARGARETTO B, MALYSHEVSKAYA A, et al.Eye-tracking methods in psycholinguistics. [M]. New York: Humana, 2023.

[148] PORTER A. A helping hand with language learning: Teaching French vocabulary with gesture [J]. The Language Learning Journal, 2016, 44 (2): 236-256.

[149] RADACH R, KENNEDY A. Theoretical perspectives on eye movements in reading: Past controversies, current issues, and an agenda for future research [J]. European Journal of Cognitive Psychology, 2004, 16 (1-2): 3-26.

[150] RAYNER K. Eye movements in reading and information processing: 20 years of research [J]. Psychological Bulletin, 1998, 124 (3): 372-422.

[151] RAYNER K. The 35th sir Frederick Bartlett lecture: Eye movements and attention in reading, scene perception, and visual search [J]. Quarterly Journal of Experimental Psychology, 2009, 62 (8): 1 457-1 506.

[152] RAYNER K, ARDOIN S P, BINDER K S. Children's eye movements in reading: A commentary [J]. School Psychology Review, 2013, 42 (2): 223-233.

[153] RAYNER K, SERENO S C. Eye movements in reading: Psycholinguistic studies. [M]. Academic: San Diego, 1994.

[154] RAYNER K, SLATTERY T J, BÉLANGER N N. Eye movements, the perceptual span, and reading speed [J]. Psychonomic Bulletin & Review,

2010，17（6）：834-839.

[155] RAZOUMNIKOVA O M.Functional organization of different brain areas during convergent and divergent thinking：an EEG investigation [J]. Brain Res Cogn Brain Res，2000，10（1-2）：11-18.

[156] RAZOUMNIKOVA O M. Creativity related cortex activity in the remote associates task [J]. Brain Research Bulletin，2007，73（1-3）：96-102.

[157] REDIFER J L，BAE C L，ZHAO Q.Self-efficacy and performance feedback：Impacts on cognitive load during creative thinking [J]. Learn.Instr，2021，71：101395.

[158] RIVAS-LALALEO D，LUNA V，ÁLVAREZ M，et al.System of evaluation for reading based on eye tracking [J]. Intelligent Tutoring System，2017，10676（1）：234-241.

[159] ROGERS C R.Toward a theory of creativity. [M]. New York：Harper & Brothers，1954.

[160] ROGERS C R.On becoming a person：A therapist's view of psychotherapy [M]. London：Constable，1961.

[161] RUNCO M A.Everyone has creative potential. [M]. Washington：American Psychological Association，2004.

[162] RUNCO M，JAEGER G J. The standard definition of creativity [J]. Creativity Research Journal，2012，24（1）：92-96.

[163] RUSCIO C，PAPOUSEK I，PERCHTOLD C M，et al.Looking inside the fishbowl of creativity：verbal and behavioral predictors of creative performance [J]. Creativity Research Journal，1998，11（3）：243-263.

[164] RUSS S W.Play and creativity：Developmental issues [J]. Scandinavian

Journal of Educational Research, 2003, 47 (3): 291-303.

[165] RUTTER B, KRÖGER S, STARK R ET AL. Can clouds dance? Neural correlates of passive conceptual expansion using a metaphor processing task: Implications for creative cognition [J]. Brain and Cognition, 2012, 78 (2): 114-122.

[166] SADOSKI M. A dual coding view of vocabulary learning [J]. Reading & Writing Quarterly, 2006, 21 (3): 221-238.

[167] SADYKOVA A G, SHELESTOVA O V. Creativity development: The role of foreign language learning [J]. International Journal of Environmental and Science Education, 2016, 11 (15): 8163-8181.

[168] SAN R R. The use of mind mapping in teaching reading comprehension [J]. ELTIN Journal, 2013, 1 (1): 32-43.

[169] SAUSENG P, KLIMESCH W, DOPPELMAYR M, et al. EEG alpha synchronization and functional coupling during top-down processing in a working memory task [J]. Human Brain Mapping, 2005, 26 (2): 148-155.

[170] SAWYER R K. Educating for innovation [J]. Thinking Skills and Creativity, 2006, 1 (1): 41-48.

[171] SCHMIDT R, FROTA S N. Developing basic conversational ability in a second language: A case study of an adult learner of Portuguese. [M]. Rowley: Newbury House, 1986.

[172] SCHMIDT R. The role of consciousness in second language learning [J]. Applied Linguistics, 1990, 11 (2): 129-158.

[173] SHAHEEN R. Creativity and education [J]. Creative Education, 2010, 1

(3): 166-169.

[174] SHAMAY T S G, ADLER N, AHARON P J, et al.The origins of originality: The neural bases of creative thinking and originality [J]. Neuropsychologia, 2011, 49 (2): 178-185.

[175] SHEDENKO K, ANISIMOV V, KOVALEVA A, et al.Eye movements and EEG during reading as markers of interest [J]. Advances in Cognitive Research, 2021, 1358: 153-159.

[176] SHREVE G M, ANGELONE E, LACRUZ I. Cognitive effort, syntactic disruption, and visual interference in a sight translation task. [M]. New York: John Benjamins Publishing Company, 2010.

[177] SIMONTON D K.Creativity: Cognitive, developmental, personal and social aspects [J]. American Psychologist, 2000, 55 (1): 151-158.

[178] SIMONTON D K, DAMIAN R I.The Oxford handbook of cognitive psychology [M]. Oxford: Oxford University Press, 2013.

[179] SIRAJ-BLATCHFORD I, SYLVA K, MUTTOCK S, et al. Researching effective pedagogy in the early years [M]. London: Department for Education and Skills, 2002.

[180] SKEHAN P. A cognitive approach to language learning [M]. New York: Oxford University Press, 1998.

[181] SPIERING L, DIMIGEN O. (Micro) Saccade-related potentials during face recognition: A study combining EEG, eye-tracking, and deconvolution modeling [J]. Atten Percept Psychophys, 2025, 87: 133-154.

[182] SRINIVASAN N.Cognitive neuroscience of creativity: EEG based approaches [J]. Methods, 2007, 42 (1): 109-116.

[183] STERNBERG R J, LUBART T I.Defying the crowd: Cultivating creativity in a culture of conformity [M]. New York: Free Press, 1995.

[184] SUN J Z, CHEN Q L, ZHANG Q L, et al.Training your brain to be more creative: brain functional and structural changes induced by divergent thinking training [J]. Human Brain Mapping, 2016, 37 (10): 3375-3387.

[185] SWAIN M.Three functions of output in second language learning.honor of H.G. Widdowson [M]. Oxford: Oxford University Press, 1995.

[186] SWAIN M. The inseparability of cognition and emotion in second language learning [J]. Language Teaching, 2013, 46 (2): 195-207.

[187] TAHA B, NOUR M, AHMED R, et al.Review of EEG-based biometrics in 5G-IoT: Current trends and future prospects [J]. Appl. Sci, 2024, 14 (2): 534.

[188] TATLER B W, BADDELEY R J, VINCENT B.The long and the short of it: Spatial statistics at fixation vary with saccade amplitude and task [J]. Vision Research, 2006, 46 (12): 1857-1862.

[189] TEZZA D, CAPRIO D, GARCIA S, et al. Brain-controlled drone racing game: A qualitative analysis [C]. HCI in Games, 2020, 12211: 350-360.

[190] Torrance E P. The nature of creativity as manifest in its testing. [M]. New York: Cambridge University Press, 1988.

[191] ULGER K. The creative training in the visual arts education [J]. Thinking Skills and Creativity, 2016, 19: 73-87.

[192] VAN GERVEN P W M, PAAS F G W C, VAN MERRIËNBOER J J G, et al. Cognitive load theory and aging: Effects of worked examples on training efficiency [J]. Learning and Instruction, 2002, 12 (1): 87-105.

[193] VAN LIER L.Interaction in the language curriculum: Awareness, autonomy and authenticity [M]. London: Longman, 1996.

[194] VAN ORDEN K F, LIMBERT W, MAKEIG S, et al.Eye activity correlates of workload during a visuospatial memory task [J]. Human Factors: The Journal of the Human Factors and Ergonomics Society, 2001, 43 (1): 111-121.

[195] VAN PATTEN B.Input processing and grammar instruction in second language acquisition [M]. Norwood: Ablex Publishing, 1996.

[196] WANG Y, YU S, MA N, WANG J, et al. Prediction of product design decision Making: An investigation of eye movements and EEG features [J]. Advanced Engineering Informatics, 2020, 45: 1-10.

[197] WU X, YANG W, TONG D. A meta-analysis of neuroimaging studies on divergent thinking using activation likelihood estimation [J]. Human Brain Mapping, 2015, 36 (7): 2 703-2 718.

[198] WYCOFF J. Mind mapping: Your personal guide to exploring creativity and problem-solving [M]. New York: Berkley Books, 1991.

[199] ZABELINA D L, ANDREWS-HANNA J R. Dynamic network interactions supporting internally-oriented cognition [J]. Current Opinion in Neurobiology, 2016, 40: 86-93.

[200] ZAMBARBIERI D T, CARNIGLIA E.Eye movement analysis of reading from computer displays, eReaders and printed books [J]. Ophthalmic & Physiological Optics, 2012, 32 (5): 390-396.

[201] ZHAN W L, SHEN Z L, WANG J F.Research on eye movement tracking in ESL reading [J]. Sensors and Transducers, 2014, 173 (6): 272-278.

附录

基于思维导图的联想式外语教学学习动机问卷调查

“基于思维导图的联想式外语教学”学习动机问卷调查

尊敬的参与者：

您好！

非常感谢您抽出宝贵时间参与本次问卷调查。本调查旨在了解“基于思维导图的联想式外语教学”对学习动机的具体影响，为今后的教学实践和方法优化提供科学依据。

本问卷仅用于学术研究，所有信息将严格保密。

再次感谢您的支持与参与！

第一部分　单项选择

请选择您对联想式外语教学的想法。

1.能营造自由、有趣的课堂氛围

非常同意　同意　不一定　不同意　非常不同意

2.能激发学习热情

非常同意　同意　不一定　不同意　非常不同意

3.能增强学习乐趣

非常同意　同意　不一定　不同意　非常不同意

4.使学习内容更容易理解

非常同意　同意　不一定　不同意　非常不同意

5.能提升思维能力

非常同意　同意　不一定　不同意　非常不同意

6.能提升语言表达清晰度

非常同意　同意　不一定　不同意　非常不同意

7.能加深对知识的理解，并促进新知识的获取

非常同意　同意　不一定　不同意　非常不同意

8.课堂以学生为中心，注重参与感

非常同意　同意　不一定　不同意　非常不同意

9.使掌握的知识更具深度

非常同意　同意　不一定　不同意　非常不同意

10.能更加积极主动地学习

非常同意　同意　不一定　不同意　非常不同意

11.能提升专注力和注意力

非常同意　同意　不一定　不同意　非常不同意

12.能促进师生互动交流

非常同意　同意　不一定　不同意　非常不同意

13.常常获得成就感

非常同意　同意　不一定　不同意　非常不同意

14.有助于提升外语综合能力

非常同意　同意　不一定　不同意　非常不同意

15.能帮助学生明确学习目标

非常同意　同意　不一定　不同意　非常不同意

16.能增强学习自信和满足感

非常同意　同意　不一定　不同意　非常不同意

17.联想式教学值得持续实施

非常同意　同意　不一定　不同意　非常不同意

18.支持将联想式教学推广到其他高校

非常同意　同意　不一定　不同意　非常不同意

第二部分：自由描述

基于思维导图的联想式教学方法如何？请谈谈您的想法。